手持ち10万円から始める

ほったらかし投資のススメ

気がついたら増えている!
初心者向け
ワンルーム投資法

桑原眞人

ワンルーム投資アドバイザー
株式会社YOUR REAL ASSET代表取締役社長

KKロングセラーズ

はじめに

　みなさんは、将来のために資産形成をしていますか？

「貯金はしているけれど、今後結婚したり、子どもができたり、あるいは病気をしたり、会社を退職したときに、充分な金額になっているのか心配……」

　そんな人も多いのではないでしょうか。不安定な社会で、これから給料が上がっていく保証もない今、将来を不安に思っている人は私の周りにも少なくありません。

　そんな方に、ぜひおすすめしたいのがワンルームマンション投資（以下、ワンルーム投資と表記）です。と言っても、投資未経験の方にとっては、不動産投資はハードルが高いように思えますよね。

「お金はあったほうがいいけど、投資はリスクが高そうで恐い！」

「不動産投資って投資初心者には難しそうだし、元手がかかるんじゃないの？」

「そもそも、不動産にはあまり興味がないし……」

そんなあなたにこそ、知っていただきたいのです。

ご存じでしたか？

ワンルーム投資は、さまざまな投資の中でもリスクが低く、元手も10万円から始められる投資です。頭金として10万円を用意し、銀行から融資を受けてスタート。借りたお金は入居者からの家賃収入で返済していくため、自分が労働で稼いだお金を減らすことはありません。

一度始めてしまえば放っておいてもきちんと資産が増えていくため、株やFXなどの投資のように、頻繁に相場をチェックして売買を繰り返す手間も時間もかかりません。いわゆる**「ほったらかし」**できるのです。

元手として大金を用意するのが難しい人や、自分の時間を投資のために使いたくない人でも、他人のお金で簡単に始めることが可能で、気がついたら資産が増えているのが、ワンルーム投資です。

ただし「短期間で一攫千金！」を狙っている方には、おすすめできません。ワンルーム投資は将来に備えて、じっくりコツコツ資産を作っていく投資です。1分や1時間、1日といった単位で大きな額が得られる可能性のある投資ではなく、5〜10年かけて少しずつお金を育てていく投資。だからこそ、**自分の時間はたっぷり使えるし、ギャンブルのように大損をすることもない**のです。

私は、普段は不動産の仕事をしながら、ワンルーム投資のセミナー講師や投資アドバイザーなどを行っています。独立して今の仕事を始めるまでには、紆余曲折がありました。何度も時代の波に呑まれ、職を失うピンチを経験しました。その中で気がついたのが、**少しでも早く資産形成を始めることの大切さ**です。

少し私の話をさせてください。

私は、父が不動産会社に勤めていたこともあり、子どもの頃から不動産には興味を持っていました。高校生になると世の中はバブル景気に突入し、不動産価格は高騰。そんな時代を見ながら、大学2年で宅建（宅地建物取引士）の資格を取得しました。

しかし、私が大学を卒業する頃にはバブルが弾け、就職は冬の時代に突入したのです。

就職氷河期の中、100社ほど入社試験を受けて、私がなんとか入社したのが、ファミリーマンションや戸建て住宅を開発する不動産会社でした。入社時は経理部。その後経験がないなか、営業に異動した月から、ファミリーマンションの契約を40カ月連続でとり続けられたのです。

ただし時代はバブル崩壊後。会社の業績はどんどん悪化していき、入社から7年後に倒産の危機が訪れました。そこで初めての転職を経験しました。

転職した先は、トイレやバス、キッチンなどを扱う業界トップのメーカー。そこではユニットバスの営業をしていました。そこで年間1200台販売し、日本一の成績を収めたのですが、どれだけ売っても昇給はありませんでした。頑張っても評価されない仕事になかなか意味を見いだせず、ちょうどその頃、前の会社の先輩に誘われたこともあり、また不動産会社に転職することに。

しかし、その会社もリーマンショックで倒産し、私は失業してしまいました。失業給付はもらえるものの、突然仕事を失ってしまった不安の中で、なんとか不動産賃貸会社に就職することになりました。

そこは賃貸物件の管理をする会社でしたが、このとき会社に言われたのが、「オーナーの携帯電話には連絡をしないこと」というルールでした。

以前までの会社では、何かあったらすぐに取引先に連絡をするのが常識でしたが、ここでは「すぐに連絡がとれなくても、携帯ではなく家の電話にかけるように」と言われたのです。

それはなぜか。家賃収入で暮らしているオーナーたちは、われわれ労働収入を得て働いている会社員とは感覚がまったく違ったのです。他のことを差し置いてもすぐに対応しなくてはいけない、という感覚はありません。ゆえに、外出時にもすぐに捕まえようと携帯電話に連絡して来られるのは迷惑だ、というわけです。

これを目の当たりにしたとき、私は自分の人生を振り返り、なんだかむなしさを感じてしまいました。一生懸命働いてきても会社が傾いて転職せざるを得なかったり、どれだけ営業成績を上げても評価されなかったりと、それまでの仕事は未来につながっているという感覚がなかなか得られませんでした。

その後も転職をするなかで、上司からパワハラを受けて長時間労働を強いられ、鬱状態になるといった経験をしながら、「自分は、なりたい自分になれているのだろうか？」という思いがどんどん膨らんでいったのです。

なりたい自分になるために、もっと自由に生きるために、何が必要なのか……。数年考え続けてたどり着いたベストな答えが、かつて出会った不動産オーナーたちのように、投資をして毎月不労所得を得るという生き方でした。

しかし、私はそれまでに何度も転職を繰り返したことで、銀行は融資をしてくれません。そこで考えたのが、不動産投資の魅力を伝えることを仕事にする、ということでした。特にワンルーム投資なら多くの方が取り組めるし、今まで働いてきたなかで得た知識も存分に活かせます。

こうして私は7年前にワンルーム投資アドバイザーとして独立し、今まで多くの人の相談に乗ってきました。

こんな経験をしてきた私が今、みなさんに伝えたいのは、

「銀行がお金を貸してくれるうちにワンルーム投資を始めてほしい」

ということです。

今は会社員の人でも、いつ不景気の波にさらわれて職を失うかわかりませんし、給料が上がり続ける保証もありません。そして、会社員や公務員といった立場を失えば、銀行は融資をしてくれません。

ですから今、**もし銀行から融資を受けられる状況にあるのなら、すぐに始めてほしい**のです。私のように、やりたいと思ったときには融資を受けられない状態になっていた、ということのないように。

会社員や公務員など、20代から40代で給料をもらって働いている間にワンルーム投資を始めることができれば、突然仕事を失って給料が入らなくなったときにも、お金を得ることができます。

例えるのなら、サラリーマンとしての収入のみ得ている人は、生き延びるのに必要なロープが1本しかない状態です。そのロープが細くなり、切れてしまったら、落ちるしかありません。会社が傾いたりパワハラに遭ったりすれば、自らそのロープを切らなくてはいけないこともあるでしょう。

でも、ロープが2本あれば、たとえ1本が切れても、もう1本が命綱となって身を守ることができます。

もちろんワンルーム投資だけでなく、株やFX、投資信託など他の投資でロープを3本以上にしておいてもいいでしょう。

ただ、数多くある投資の中でも、ワンルーム投資はより太く丈夫なロープです。命綱をしっかり複数持って、この不安定な時代を、みなさんにはより安心して生きていただきたいのです。

資産があるという安心感があれば、日々の生活のお金に追われず余裕を持って自分の仕事について考えることもできるでしょう。今の仕事より、もっとやりたいことがあれば転職や独立などの準備をすることも可能です。もちろん、転職や独立をしても、絶対に安泰というわけではありません。でも、そんなときにもワンルーム投資をしていれば、余裕を持って次の手を模索することができるはずです。

ワンルーム投資の魅力は、10万円の元手で始められ、低リスクで安定的に資産形成ができることだけではありません。確定申告の際、毎年の所得から不動産投資にかかる経費を引くことにより、**節税できるというメリットもあります。**

銀行など金融機関から融資を受けてワンルーム投資を行い、その融資の返済は入居者からの家賃収入を充てるため、実際に自分が仕事で稼いだお金が減るわけではありません。

ですが、ワンルーム投資は経費計上できるため、所得を低く申告することができるのです。私が相談に乗ってきたなかでは、確定申告によって1年目に還付金が100万円ほどの節税になった方もいます。

また、所得を低く申告できるということは、行政によるさまざまな助成を受けやすくなるというメリットもあります。

たとえば、児童手当や高校の授業料無償化などは、年間所得がいくら以下なら受けられる、という所得制限があります。規定の所得を超えていれば受けることはできませんが、給与収入で超えていても、ワンルーム投資によって所得を低く抑えることができれば、規定の所得以下にできる可能性があります。

子どもの教育費については行政もさまざまな助成を行っていますが、お子さんがたくさんいるなど、所得制限に阻まれて、生活にあまり余裕がないのに受けられないという家庭も少なくありません。

しかし、**ワンルーム投資をしていれば所得を制限以内に抑えることができ、助成を受けられる可能性があります。**これは、未来の家族のためにも今できることがあるということです。

時代はめまぐるしく変わっていきます。会社は倒産だけでなく統廃合も増え、一度も転職をせず同じ会社にいるのに、名刺の社名がどんどん変わっていく人にもよく出会います。つまり、事業転換を繰り返して生き残っている会社も多くあります。今、自分の仕事にやりがいを感じていたとしても、その仕事を10年後までやり続けられるとは限りません。ＡＩに取って代わられる職業もあるでしょう。

そんななかで私たちは、常に変化に対応しながら、自分のやりたいことを見つけ、充実した人生を送る方法を模索していかなくてはなりません。

５年後、10年後を見据えたときに、変化を恐れずにやりたいことを選択できる自分でいるために……。必要なのは、**生きていくための土台となる資産**です。

投資が得意な人、好きな人は、さまざまなテクニックを学んで株やＦＸなどで資産形成をすればいいでしょう。不動産投資でも、古い物件を仕入れて高く売るということを繰り返して、大きな資産を作っている人もいます。でも、それには勉強する熱意も、投資に打ち込む時間や労力も必要となります。

「自分の仕事にきちんと向き合いながら、プライベートな時間も充実させながら資産をつくりたい！」

もし、そう思うなら、**時間も労力もかからず「ほったらかし」で資産形成できるワンルーム投資を考えてみてください。**本書をお読みいただければ、きっとその魅力を理解していただけると思います。

不安だらけのこの時代に、みなさんが少しでも安心して暮らせるように。自分のやりたいことをいつでも自由に選択できるように。

本書でそのお手伝いができれば、幸いです。

桑原 眞人

目次

第2章 ワンルーム投資を始める前に知っておきたい10の心得

第3章 最良の物件はこう選べ！

第4章　利益はがっちり確保！ 失敗しない融資と売却

第5章 ワンルーム投資「成功と失敗」から学ぼう！

第1章

なぜ「今こそ」ワンルーム投資なのか？

POINT

将来の生活を守り、安心してやりたいことがやれる人生を送るために、投資で資産を増やすことはとても大切です。

では、数ある投資の中でも、どうしてワンルーム投資がおすすめなのでしょうか？

さらに「都内中古ワンルーム投資」はどんな人に合っているのでしょうか？

再現性の高い都内中古ワンルーム投資

日本ではコロナ禍前より「働き方改革」が進められ、さまざまな企業が労働環境の改善や雇用形態による格差是正などに取り組むようになりました。

働き方改革とは、国民一人ひとりが多様な働き方を自由に選択できる社会の実現を目指すものですが、みなさんは今、働き方を自由に選択できていると感じているでしょうか？

正社員でなくても自分のライフスタイルに合わせて雇用形態を選び、自分の能力を活かしながら効率的に働く、そんな日々を送れている人はほとんどいないのではないでしょうか？

「転職が当たり前の時代になってきたとはいえ、正社員以外の働き方はまだまだ不安定で選べない。でも、今のまま働き続けていても、給料が上がる保証はなく、将来が心配……」

そんな人が私の周りにもたくさんいます。

実際、日本では、２００１年から２０２０年までの20年間の実質賃金（労働者が実際に受け取った賃金から、物価変動の影響を差し引いて算出した指数）の上昇率はたったの１・４％です。韓国では同じ20年間で38・７％、カナダは26・０％、アメリカは24・３％、ドイツは17・０％……と、多くの先進国では賃金が上がっているのに比べ、日本はずっと停滞したままです。

最近では、社員の副業を認める会社も増えてきていますが、収入を補填するために副業をしようと思っても、なかなか選択肢が見当たらないのが現状ではないでしょうか？

平日は毎日会社で仕事をして、週末に休む。この生活の中で副業をしようと思っても充分な時間が確保できず、諦めている人も多いと思います。平日の退勤後や休日にアルバイトをしている人もいるでしょうが、充分な休息がとれずに身体を酷使してしまいます。この現状を見ると、多様な働き方を選択できる社会の実現は、まだほど遠いような気がします。

しかし、給料が上がり続ける未来が描けず、さらに今の会社が10年、20年後にも存続するとは限らない時代ですから、何か手を打たなくてはと思っている人は多いはずです。高齢化社会が進む今、自分たちの老後の生活もどうなってしまうかわかりません。

では、会社の給料以外に収入を得ながら、無理なく資産を作るには、どうしたらいいのでしょうか？

その答えが、他人の力を借りて、自分ではなくお金を働かせるということです。専門家の知恵を借り、誰かがやってうまくいってきたことを再現し、今持っているお金に働いてもらって、自分が会社で働いている間に資産を増やしていく。これが、投資です。

投資といっても、株やＦＸ、不動産投資などさまざまありますが、**私がおすすめするのは、都内の中古ワンルームマンションへの投資です。**それはなぜか？　理由は３つあります。

①需要がある
②他人のお金で購入できる
③時間と労力を最小限に抑えられる

①は、人口増加し続ける東京都内において、安定して需要があり続けるのが一人暮らしの人をターゲットにしたワンルームマンションだということです。

これについては後ほどまた詳しく説明しますが、「需要がある」、つまり誰かが住みたいと思っている物件を投資対象にしていれば、家賃収入は必ず得られます。不動産投資の中でも最もリスクが低いのが、この都内中古ワンルームマンションなのです。

②の他人のお金で購入できるというのは、物件を購入するために全額を自分が払うわけではないということです。具体的な支出についても後ほど解説していきますが、必要なお金は銀行から融資を受けられるので、大金を持っていなくても投資が可能です。

もちろん、銀行から借金をすることになりますので、返済は必要となりますが、そ

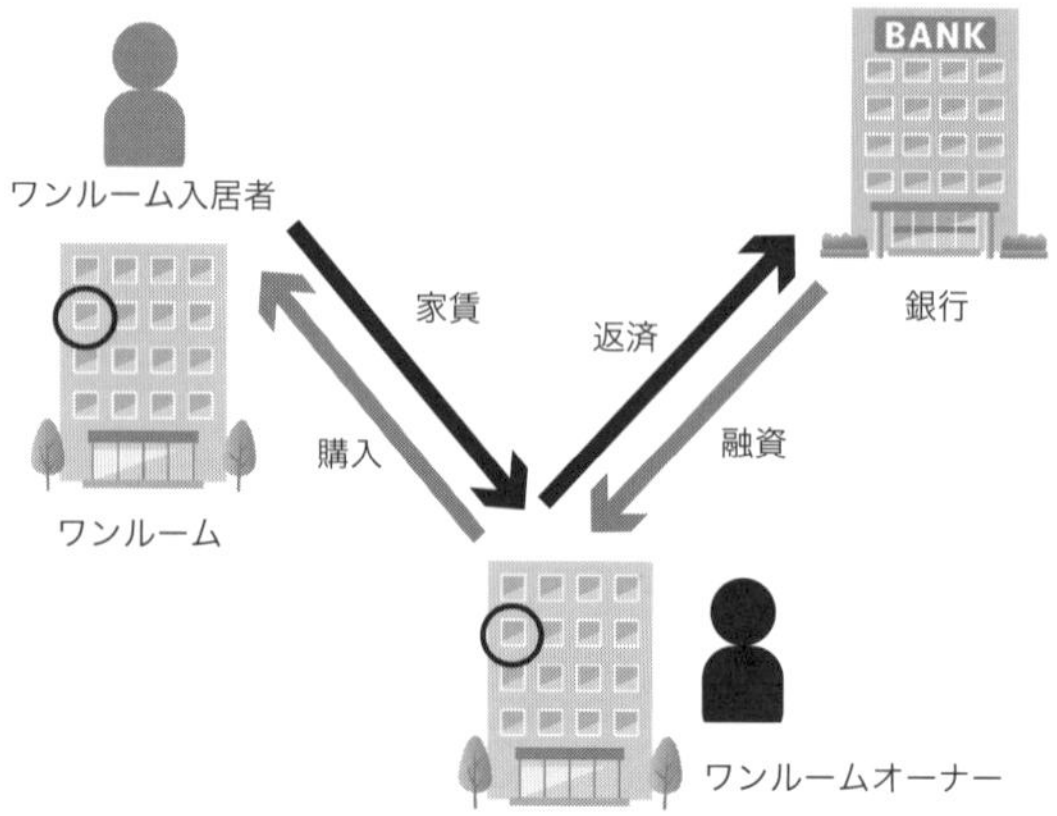

の返済はマンションの入居者からいただく家賃から充てます。つまり、自分は今までどおり会社から給料をもらって、その給料の中で生活をしていれば、**自然と残債が減っていき、資産形成することができる**のです。

③の時間や労力といったコストについては、ワンルーム投資の場合、いったん始めてしまえば、あとはほとんど何もすることはありません。

強いて言えば、入居者が出ていった場合には管理会社から連絡が来て、次の入居者募集について話し合ったりすることになりますが、それもあまり時間はとられません。ほとんどやることがないので、自分のメインの仕事やプライベートにしっかり時間を割くことができます。

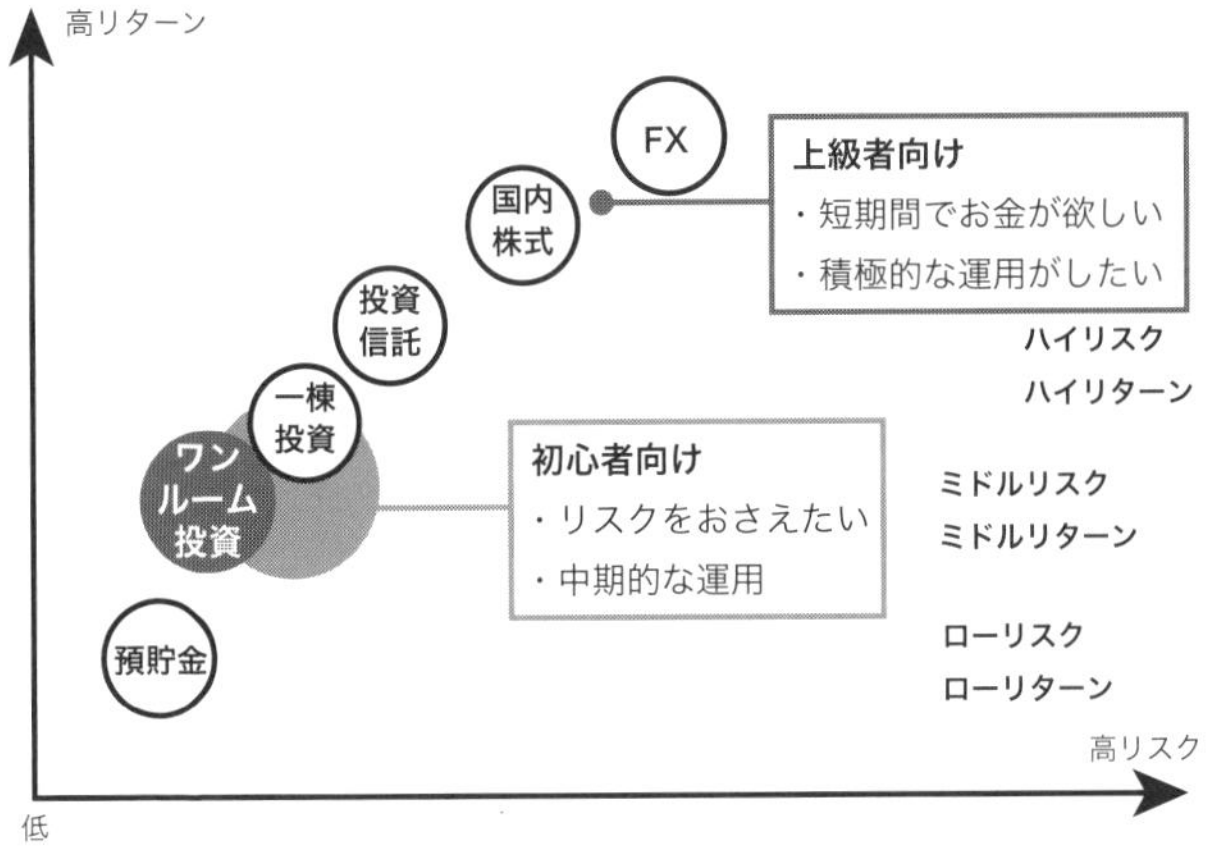

一方、株やＦＸの場合は、相場を気にして日々のチャートに張り付いている必要があります。ハイリターンのものほどリスクも大きいため、常にリスクを意識してスマホやＰＣの画面とにらめっこ。実際に私とお茶をしている間も、スマホ画面でチャートを開いてチラチラ見ている投資家もいます。

でも、それは、今の時間を大切にしているといえるのでしょうか？　目の前の人との時間、家族との時間、仕事に集中する時間を削ってしまってはいないでしょうか？

ワンルーム投資では、そのように**毎日の時間や労力を奪われることはありません。**常に様子を見ていなくても、最初に融資を受けたお金が元となって働いてくれているので、今という時間を大切にすることができます。

この3つのメリットを最大限に活かして、ギャンブルのような「大儲け」ではなく、将来役立つ資産を着実に作っていく。これが、私のすすめる都内中古ワンルーム投資なのです。

他の投資と組み合わせてもOK

もちろん、投資の中でも都内中古ワンルーム投資だけが優れた投資で、株やFX、また他のタイプの不動産投資などはダメだと言っているわけではありません。

本書でお伝えしたいのは、あくまでも、自分の仕事やプライベートを充実させながら、**初心者でも簡単にできるものが、都内中古ワンルーム投資だ**ということです。

チャートを見ながら戦略を練って日々お金を動かしたい人や、もっと大きな資産を一気に作りたいという人なら、他の投資をしたほうがいいかもしれません。不動産投資が好きな人なら、ワンルームに限らずいろいろな物件を扱うのもよいでしょう。

また最近は、若い人の間でも、つみたてＮＩＳＡやｉＤｅＣｏ（個人型確定拠出年金）といった投資を始めている人も増えてきています。これらは運用益の全額が非課税となっており、少額からコツコツと長期投資できるため、数十年後の退職後や、ライフスタイルが変わったときに備えて利用している人も多いでしょう。

こちらは、毎日チャートを確認して一喜一憂するような投資ではありませんし、それほど難しい知識を必要とするわけでもありません。誰でも簡単にできるので、やってみるのもよいでしょう。

ただ、**投資の基本は、「分散投資」**です。ひとつの投資に集中するのではなく、いくつかに分けるというのが、投資の王道です。どんな投資もリスクがゼロということはありません。ですから、仮にひとつの投資が失敗しても、他の投資のほうで資産を手元に残して挽回していく、というのが基本中の基本なのです。

そう考えると、**分散投資のひとつとして、つみたてＮＩＳＡなどもやりつつ、不動**

産投資もやっておく、というのがベストだと私は考えています。投資資金は銀行から借りて、その返済は毎月の家賃収入から出していくわけですから、自分が毎月会社からもらっている給料が減ることはありません。ですから、自己資金は他の投資への資金を捻出すればよいのです。

会社が副業を認めても、ムリをして働けば病気やケガをしてしまうリスクも高まります。投資でも、成功するためにかなり勉強時間が必要なものだったり、常に相場に追われることになったりすると、労働と同じように体力や精神力を削られてしまいます。

そうではなく、健康を保ちながら、家族や友人との時間、新しい出会い、自分が楽しいと思うことに時間をしっかりとれる幸せな人生を、みなさんには送ってほしいと私は思います。

仕事でも投資でも、順調に物事を進められ、自分の時間を有意義に使えている人は、うまく他人の力を借りています。ワンルーム投資でも、他人の力を借りながらできるだけ無理なく運用し、毎日の時間を有意義に送っていただければと願います。

ローンを利用して手持ち10万円でスタート！

前述したとおり、ワンルーム投資は、銀行からお金を借りて行うことができる投資です。ただし、頭金は自分の手持ち金から出すことになります。と言っても、それほど大きな額は必要ありません。**頭金は、たった10万円程度でも始めることができる**のです。

ワンルーム投資には、投資用に物件を購入する費用のほか、登記費用や手数料などの諸費用もかかりますが、それらも含めて銀行は融資をしてくれます。ただ、０円というわけにはいかないので、端数として最低10万円は入れてくださいというのが通例となっています。

10万円と、融資されたお金を使って投資用物件を手に入れ、家賃収入から融資を返していき、最終的にはその物件を売却して利益を得ることができる。これがワンルーム投資です。

と言っても、

「大きなお金を借りるのは恐い」

「借金するのはよくないのでは？」

と感じる人も多いかもしれません。

ですが、借金には悪い借金とよい借金があります。ただ消費するためだけに借りるのが悪い借金です。飲み食いしたり、好きなブランド品を買ったりするために借金をして、手に入れたものから何かを生み出すということのない借金は、一度始めると際限がなくなってしまったり、返済できずに破綻してしまったりすることにつながるので、やめたほうがいいでしょう。

一方で、目的が明確で、そのお金を働かせてさらにお金を増やしていくための借金は、よい借金です。

銀行も、ワンルーム投資はリスクが少ないことを認めているからこそ、ワンルーム投資には融資をしているのです。もちろん金利はつきますが、低リスクであることを認めているからこそ、その金利も安く設定されています。ゆえに、低金利でお金を借りて、借りた金利よりも高い利回りで多くのお金を稼ぎ出し、投資で利益を得ることができるのです。そうなるとわかっているからこそ、銀行もワンルーム投資には頭金10万円でも融資をしているわけです。

それでも、借金を何年も抱え続けていることが不安で、途中で繰り上げ返済をしたほうがいいのではと言う人もいます。ですが、投資の基本は分散です。もし途中でお金が500万円できたとしても、それは繰り上げ返済に使うのではなく、ファンドや株、海外預金など別の投資に回すほうがよいと私は考えています。加えて、ワンルーム投資の金利は安いのです。

よい借金をうまく使って、投資を分散させて、複数の命綱を持っておく。このほうが、より低リスクでみなさんの将来を守ることにつながるはずです。

ただ、ここでひとつ注意点があります。**銀行融資は、サラリーマンや公務員など、収入が安定している人でなければほとんど受けることができません。**自営業、個人事業主などの立場では、よほどの経営実績がある場合でなければ受けられないのです。

だからこそ、今みなさんが会社員や公務員であれば、今のうちにワンルーム投資を始めておいてほしいのです。

人生は一寸先に何が起こるかわからないものです。私が経験したように会社が突然倒産したり、自分が病気やケガで働けなくなったり、予期せぬ理由で急に収入が途絶える可能性は誰にでもあります。会社員でなくなってしまえば、安定した収入が得られなくなるだけでなく、ワンルーム投資に手を出すこともできなくなります。

ですから、数カ月分の生活費はいざというときに使えるよう手元に残しておき、さらに今すぐ必要ではないお金が10万円ほど残るようであれば、ぜひワンルーム投資にチャレンジしてみていただければと思っています。

家賃収入からコツコツ返済、着実な資産形成を

ワンルーム投資のために銀行から受けた融資は、入居者が払ってくれる家賃で返済していきます。元本プラス利息を毎月の家賃収入から返していくことで、最終的に物

件が自分の資産となるのが、ワンルーム投資の魅力です。

先ほど、この返済について、繰り上げ返済はしないほうがいいとお伝えしましたが、その理由はもうひとつあります。

それは、**毎月の返済にかかっている利息を経費計上することで、節税につなげてほしい**ということです。

ワンルーム投資では確定申告の際に、かかっている経費を申告することで、毎年の所得を低く抑えられるというメリットがあります。どのような経費がかかるかは第4章で詳しく説明しますが、銀行からお金を借りた場合、その利息分は経費として計上することができます。さまざまな経費を計上して所得を少なくすることで、所得に応じてかかっている税金を減額できたり、所得制限のある行政のサービス（国による児童手当や、ひとり親対象の児童福祉手当、進学や就学に関する各種支援金など）を受けられるという副産物もあります。

ですが、繰り上げ返済で一気に返済し終わってしまうと、経費計上できるものが少なくなり、こうしたメリットを享受することができなくなってしまうのです。

たしかに、繰り上げ返済をすれば数年分の利息も払わずに済むことになるので、総返済額は少なくなるかもしれません。

しかし、節税の面では不利になってしまうわけです。さらに言えば不動産ローンの金利は高くはありません。

ですから、もし繰り上げ返済できるような額が手元にできたときには、それを返済に使うのではなく、別の投資に使ったり、今後必要なものを買うことに回したり、家族や大切な人と過ごす時間のために使っていただきたいと、私は考えています。

実は、私の知り合いの中には、繰り上げ返済をして失敗をした人がいます。数百万円の繰り上げ返済をした後に、家族のために車を買うことになったのですが、すでに繰り上げ返済でお金を使ってしまったがために、新たにカーローンを組まなくてはいけなくなってしまったのです。

ワンルーム投資の際の融資の利息はだいたい2％ですが、カーローンはそれより高く5％以上の利息です。さらに、期間が短いため月々の負担額も高くなります。安い利息のものを先に返済してしまったがために、新たに高い利息でお金を借りることになってしまい、その人は月々の返済に負担を感じるようになってしまいました。

そもそも**投資とは、将来に向けて自由な選択肢を増やすためのものだ**と私は考えています。人生は先がわからないものです。新たな家族ができたり、仕事の状況が変わったり、ライフスタイルも変わっていきます。その中で、予想外にまとまったお金が必要になることもあります。

そのとき、持っている資産が不動産だけなのか、不動産に加えて現金があったり、株やファンドなどの資産があったりするかどうかで、柔軟に対応できるかどうかは変わってきます。

ですから、**もしまとまったお金ができたのであれば、不動産のみにつぎ込むのではなく、他の形で持っておいていただきたい**のです。

もちろん、不動産投資が大好きで、頑張ってどんどん繰り上げ返済をしながら次の物件を手に入れて、より大きな資産を作っていきたい人は、繰り上げ返済をうまく利用していけばよいでしょう。そういう人に向けて書かれた不動産投資の指南書には、おそらく「繰り上げ返済をしよう」と書かれているはずです。

しかし、サラリーマンとして働きながら手間をかけず、簡単に、着実に資産を作っていきたいのであれば、繰り上げ返済はおすすめできません。家賃収入を使ってしっかり返済し、毎年節税をしつつ、将来のリスクをできるだけ低くしながら資産形成をしていただければと思います。

銀行は投資商品の中で不動産投資にしか融資しない

銀行は、さまざまある投資商品の中でも、不動産投資にしか融資を出しません。他の投資をしたいからお金を借りたいと思っても、銀行はお金を貸してくれないのです。

ではなぜ、銀行は不動産投資にだけ融資してくれるのでしょうか。

それは、**投資の中で最も安定性が高いのが不動産投資だから**です。銀行から見れば、実際に不動産という「現物」があるため、もし返済が滞ったとしても、現物を押さえてしまえば回収を漏らさずに済みます。回収が漏れないため、金利も安く押さえて融資をすることができるのです。

担保が何もないローンの場合には、金利18％といったものまでありますが、ワンルーム投資の場合だとだいたい２％。中には１％台というケースもあります。１０００万円を金利２％で借り、35年で返済する場合には、利息の総額は約１３９万円となります。一方、これが12％だと、利息の総額は約３２６５万円です。桁が違ってしまうわけです。

ワンルームマンションへの投資の場合、投資額に対する収益の割合（利回り）は、４％ほどです。もし手元に10万円があったとして、利回りが４％の投資商品にその10万円を使うとすると、１年で得られる収益は４０００円です。

ただし、自分のお金を使うのではなく金利２％で他人から１９９０万円を借りて、利回り４％の投資をすれば、差額の２％分の利益、つまり39万８０００円が手に入ることになります。

不動産投資はこのように、低い金利で融資を受けて、それより高い利回りで物件を運用して利益を出すという仕組みになっています。

投資はリスクを考えるとなかなか踏み出せないという人も多いかもしれません。しかし不動産投資は、銀行も低リスクであることを認めているからこそ金利が安く、融資をしてくれるものなのです。

都内単身者の増加で空室リスクも低い！

投資にはリスクがつきものだと言われますが、**ワンルーム投資において最も大きなリスクは、空室が出ること**です。物件を持っていても、住む人がいなければ、家賃収入を得られず、赤字になってしまいます。

私は現在、10社以上のマンション管理会社とお付き合いをしていますが、これらの会社では入居率はすべて95％以上となっています。高いところでは99％です。

ただし、これが１００％になることはありません。なぜなら、入居者が入れ替わる際には、原状回復のためにクロスの貼り替えやクリーニングなどが必要となり、その間は入居者を入れることができないからです。要する期間は、だいたい半月から1カ月ほどとなります。

ワンルームマンションの入居期間の平均は5年程度ですので、目安として、５年に1回、1カ月は空室が出ると考えておくとよいでしょう。ですが、これは東京都内の場合です。

東京都以外で、特に県庁所在地でもない地域の場合には、こうはいかないことがほとんどです。一度空室になってしまい、それが引っ越しシーズンでなかったりすると、次の入居者が入るまでに半年もかかってしまうケースもあります。

実際、私が以前勤めていたマンション管理会社では、神奈川県の地方都市で、半年以上の空室になってしまった一棟マンションが数軒ありました。半年入居者がつかないということは、年間で得られるはずの収入が半分になってしまうということですから、これは大きな損失です。

また、数カ月経っても空室が解消されない場合には、なんとか入居者を入れるために家賃を下げることになります。空室の間も当然、ローンの返済や管理費といった出費はありますから、何とか入居者を入れるためには家賃を下げるしかなくなってくるのです。

また、空室が続くことのマイナス面は、お金だけではありません。赤字が続くことに意識が持って行かれてしまい、精神的にも負担が大きくなってしまいます。本業に集中しながら、ほとんど何もすることなく簡単に収入を得られるはずだったのに、空室を埋めるために経営戦略を練らなくてはならなくなるのです。不動産投資が好きな人ならそうした苦労も楽しめるかもしれませんが、みなさんはいかがでしょうか？

もし苦労をしても楽しめるのであればいいのですが、そうでないのであれば、空室リスクの少ない物件を選ぶことが最優先となります。そして、その条件に当てはまるのが、東京都内の、ワンルームマンションなのです。

２０２０年の国勢調査によれば、全国の単身世帯は全体の38・08％ですが東京都内

都道府県別　一般世帯総数の推移　　注：「一般世帯」とは「施設等の世帯」以外の世帯のこと

	世帯数（1,000世帯）						増加率（%）					
年	2015	2020	2025	2030	2035	2040	2015↓2040	2015↓2020	2020↓2025	2025↓2030	2030↓2035	2035↓2040
全国	53,332	54,107	54,116	53,484	52,315	50,757	-4.8	1.5	0	-1.2	-2.2	-3
東京都	6,691	6,922	7,054	7,107	7,097	7,019	4.9	3.5	1.9	0.8	-0.1	-1.1

都道府県別　家族類型別世帯数の推移　［単独世帯］

	世帯数（1,000世帯）						増加率（%）					
年	2015	2020	2025	2030	2035	2040	2015↓2040	2015↓2020	2020↓2025	2025↓2030	2030↓2035	2035↓2040
全国	18,418	19,342	19,960	20,254	20,233	19,944	8.3	5	3.2	1.5	-0.1	-3
東京都	3,165	3,290	3,367	3,406	3,412	3,374	6.6	4	2.4	1.1	0.2	-1.1

国立社会保障・人口問題研究所『日本の世帯数の将来推計（都道府県別推計）』（2019年推計）より

の場合には、全体の50・26%にも上っています。

さらに、日本の将来人口・世帯数を予測するシンクタンク、国立社会保障・人口問題研究所によれば、2035年に向けて東京都の単身者世帯数はまだ増加し続けると推測されています（2019年推計）。

単身者の人口が多く、今後も増え続けることがわかっているということは、つまり入居者に困ることが少ないということです。同じように、単身者のニーズがある都市としては横浜、川崎、大阪、福岡、名古屋などがありますが、こだわりがないのであれば、東京の都市部を選んでおくのがよいでしょう。

最近では、地方の古民家を安く購入してリノベーションして投資物件として活用する人もいますが、それは不動産投資を事業として行っている人がやるビジネスモデルです。うまく戦略を練らなければ入居者がつかず、建物の修復に莫大なお金がかかってしまうなど、大きなリスクを負うことになります。

みなさんが現在、東京都以外の地域にお住まいだとしても、ぜひとも投資の際には**都内の単身者向けワンルームマンションを投資物件として選んでいただければと思います。**

ワンルーム投資は現金化もスムーズ

不動産投資は、最終的に現金化することがひとつの選択肢となります。ローンの返済をし、完全に自分の資産となった物件を売り、現金に換えるということです。

毎月の家賃収入で銀行のローンを返済すれば、手元にある物件を売ったお金はすべて自分の収益になります。頭金10万円しか使わずに、将来的には大きな額を手にすることができるのです。

このとき、なかなか売り手がつかなければ、すぐに現金化できなかったり、安く売らざるを得なくなったりしてしまいます。

しかし、手持ち金が10万円しかなくても購入できるのがワンルームマンションです。だからこそ、購入したいというニーズも高く、売りたいと思ったときには買い手もすぐにつくのです。だいたい１〜２カ月の期間があれば、都内ワンルームマンションならばすぐに買い手がつきます。もっと急ぎたければ、買い取ってくれる不動産会社もあります。

これがもし、10億円の豪華な一軒家であれば、買い手はなかなかつかず、何カ月も現金化できなかったり、何千万円もディスカウントしたりということもあるでしょう。ですが、ワンルームというコンパクトでお手頃な物件では、そのような苦労はないはずです。

地方では、空き家問題が深刻になっており、一軒家まるごとを数万円で売り出したり、0円で引取先を探したりするケースも増えてきています。せっかく物件を持っていても、地域や住居のタイプによって、売り手が何年もつかず修繕費や固定資産税などが積み上がったり、活用できずに取り壊しせざるを得なくなったりすることがあります。一方、都内のワンルームマンションであればそのようなリスクは低くなります。

保有している間は誰かが入居してくれて、売りたいときにはすぐに現金化ができる。ニーズのある物件さえ選んでおけば、投資の入り口も出口も、とてもスムーズにいくのです。

生保営業マンがワンルーム投資をするワケとは?

私の周りには、ワンルーム投資をしている生命保険の営業マンが多くいます。彼らに聞くと、営業成績のいい生保営業マンは、多くが不動産投資をしているとのことです。

その理由は、ワンルーム投資用の融資には、**団体信用生命保険**（以下、団信）がついているからです（一部を除く）。

通常、生命保険に入ろうとすると、毎月一定の保険料を支払わなくてはいけません。しかし、**ワンルーム投資では、融資を受けると同時に団信がつき、月々の負担はゼロで、２０００万円以上の死亡保険に入ることができる**のです。

不動産投資を始めた後、もしもローンの返済中に名義人が亡くなってしまった場合には、遺族には死亡保険が支払われ、かつ金融機関にはその時点のローン残高も支払われます。借金はゼロになり、その物件は遺族のものとなります。

このメリットを活かすために、生保営業マンたちは、死亡保険についてはワンルーム投資の団信のほうに入っている人が多いのです。他の生命保険では、保険料なしで入れるものはありません。

手持ち金10万円でワンルーム投資を始めたときに、それまでの死亡保険を解約して団信に加入してしまえば、毎月の保険支払い額はぐっと減らすことができます。これだけでも大きなメリットですが、万が一本人が亡くなってしまったときには、遺族には生命保険が下り、不動産も手に入れることができるわけです。それを売れば、さらに２０００万円、２５００万円といったお金を手にすることができるのです。

もちろん、生きていくための保険も大切ですから、積立型の商品や、医療保険などには入っておいたほうがいいでしょう。でも、死亡保険に毎年20万円払っているとしたら、１年でワンルーム投資の頭金の元がとれてしまうだけでなく、10年で２００万円分浮くことになります。

これがわかっているため、生保営業マンたちは自分たちの売っている生命保険ではなく、生命保険を兼ねたワンルーム投資を行っていることが多いのです。

私的年金としても活用できる

35歳の人が35年ローンを組んでワンルーム投資を行うと、完済する頃には70歳になっています。すると、それ以降は家賃収入をローンの返済に充てることなく、自分の収益にすることができます。毎月10万円の家賃であれば、管理費や修繕積立金を引いた金額８～９万円ほどが入ることになるのです。

そのため、**年金代わりにワンルーム投資を行っている人も、最近は増えてきていま す。**

日本は１９５０年代には、20人の現役世代で１人の高齢者を支えていたところ、少子高齢化が進んだことで、２０４０年には２人で１人の高齢者を支えることになります。昔のような人数で支えることができなくなるため、当然、高齢者になったときにもらえる年金は減っていきます。もしかすると、30～40代の人たちは将来、年金をもらえなくなるかもしれません。

このような不安から、老後の資金を貯めておこうという人も増えていますが、銀行に預金をするだけではお金は貯まっていきません。平均寿命も延びている今、老後といっても20年、30年続いていく可能性がありますから、その年数を豊かに暮らすのに充分な金額を貯めるのはとても大変なことです。

一方で、「失われた30年」と言われるように、日本の平均賃金はここ30年ほとんど上がっていません。それなのに物価は上がり、税金の負担額も高くなっていますから、貯金する余裕はないという人も多いのではないでしょうか？

この状況では、投資によって資産を増やしていかなければ、将来安心して生活することはかなり困難になってしまいます。

私の愛読書『バビロン大富豪の教え』（ジョージ・S・クレイソン原作、文響社）によれば、**大富豪になった人たちは、手元に入って来たお金をあらかじめ3つに分けているそう**です。

その3つは、「貯蓄」、「投資」、「使う」です。収入の10%は貯蓄に回し、生活に必要なお金やいざというときのお金だけ残し、それ以外は投資に回す。こうしてお金をあらかじめ分けて、投資によってお金を働かせて資産を増やすことで、将来的に裕福になれるということです。

みなさんの中には銀行に振り込まれた給与から必要なだけ使って、残った額を貯めているという人もいるでしょう。でも、漠然と貯めていくのではなく、**しっかり目的を持ってお金を管理することは、これからの時代を生きていくにはとても大切なこと**です。

今、みなさんに毎月の収入があって、仕事は充実しているけれど将来を不安に感じているのでしたら、ぜひワンルーム投資をスタートしていただきたいと思います。

ワンルーム投資はまったく興味のない人でも、大金を持っていない人でも、簡単に始めることができる、リスクの低い投資です。

自分のやりたいことや、大切な人のために時間を使いながら、ぜひ将来の安心をしっかり手にしていってください。

第１章 まとめ

□今の自分の仕事や打ち込めること、周りの大切な人にしっかり時間をとれるのが「都内中古ワンルーム投資」

□ギャンブル感覚の一攫千金狙いではなく、堅実な資産形成ができる

□低リスクで、なおかつ節税効果や生命保険の代用などメリットがたくさん

第2章

ワンルーム投資を始める前に知っておきたい10の心得

POINT

ワンルーム投資に魅力を感じたみなさんが、実際に投資を始める前に、もう少しお伝えしておきたいことがあります。それは、投資とどう向き合うかということです。投資には絶対はありません。その中で、みなさんがより安全に投資を進めるためにはどのようなマインドが必要なのか。始める前にぜひ頭に入れておいてください。

① 投資と投機の違いを理解しよう

本書を手にしてくださっているみなさんの中には、投資そのものが初めてという方が多いのではないかと思います。そこで、ワンルーム投資について詳しくお伝えする前に、まず投資とは何かを知っておいていただきたいと思います。

投資関連の本やネットの記事などを眺めていると、「億万長者になれる」「1年で3億円！」というワードを目にすることがあります。こうした文言を見て、素直に「そんなに儲かるならやる！」と飛びつく人もいるかもしれませんが、

「そんなにうまくいくはずないよね」

「大金を稼げる人もいるけれど、ほとんどの人は失敗して多額のお金を失うんでしょう？」

と投資に対して懐疑的に感じてしまう人も多いのではないでしょうか？

投資はハイリスクで恐いもの、運が悪ければ多額の借金を背負うことにもなってしまう、そんなふうに感じている人も多いかもしれません。実は、私もかつてはそう考

えていました。

そんな方にぜひご理解いただきたいのが、「投資」と「投機」の違いです。「投資は恐いもの」と思い込んでいる方の多くは、おそらく「投機」のほうをイメージされているかと思います。

投資と投機は似ていますが、異なるものです。漢字を見るとわかりやすいと思いますが、投資という言葉は、「資金を投げる」と書きます。資金を投げた後、中長期にわたってじっくり育てていくのが投資です。

一方、投機は「機会（チャンス）に投げる」と書きます。勝負のチャンスに賭ける、ギャンブルのようなものです。こうなると、勝負に勝つも負けるも運になってしまいます。また、大きくリスクをとれば、運が良ければ大きく稼げますが、失敗すれば一文無しになってしまうこともあります。**短期で勝負することを繰り返していくと、その都度感情もぐらぐらさせられてしまいますし、他のことに手がつかなくなってしまう恐れもあります。**

投機の特徴は、「今なら」「すぐに」と言われることです。ですから、失敗してもよい余裕資金があれば、興味のある方はやってみればよいと思います。

私がおすすめするのはあくまでも投資で、じっくりとお金を育てていく方法です。

ワンルーム投資は、1年や2年で稼ごうというものではなく、5年以上の時間をかけて資産を育てていくものです。一瞬のチャンスに賭けるものではなく、出口に関しても焦らずにしっかり見極めて、いいタイミングで利益をとることができますので、投機とはまったく異なります。

もちろん投資にもリスクは当然ありますが、投機と異なるのは、正しいやり方で行うことができればそのリスクは最小限に抑えられ、しっかり成果を出せるということです。

投機と投資の違い

	投機 →勝負に賭ける	投資 →資金を育てる
保有期間	短期で売買を繰り返す	中長期保有する
利益	一か八かで稼ぐ	じっくり増やす
リスク	失敗すると大きな損	一定水準にコントロールしてリスクを抑える
価格変動	短期で大きく振り回される	中長期的にじっくり待つ

②投資の原則は長期・積立・分散

では、正しいやり方とは何なのでしょうか。投資には、３つの大原則があります。

１つ目の原則は、**「長期」**です。投資と投機を混同し、目先の利益を追求して短時間で大きく稼ごうとすれば、その分リスクは高くなります。しかし、お金をそのまま銀行に預金しても利息はほとんどつきません。それなら当面は使わないお金をしっかり働いてくれるところに置いておき、じっくり将来に備えていくほうがいいでしょう。

ちなみに、運用方法が単利の商品であれば、利子は元金のみにつきます。金利５％なら、１年後は同じ１０５万円ですが、２年後は１１０万円、５年後は１２５万円、10年後は１５０万円となります。

また、運用方法が複利の投資商品であれば、長期運用のメリットはかなり大きくなります。複利とは、元本に利子がついた場合、次はその利子を含めた額にさらに利子がつき、どんどん元本が増えていくという運用方法です。

ドルコスト平均法の例

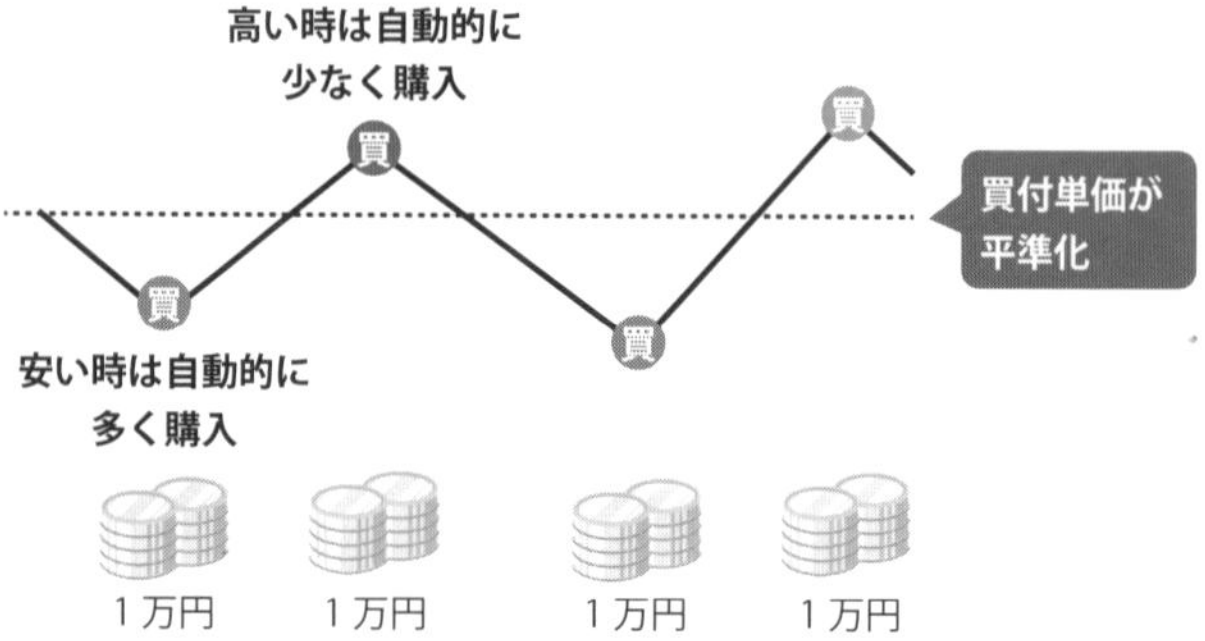

たとえば元金100万円を、年利回り5％で20年間運用した場合には、1年後には105万円になります。次はこの105万円に5％の利子がつくので、2年後には110万2500円になります。こうして5年後には約127万円、10年後には約163万円と、雪だるま式にお金は増えていきます。つまり、時間が経つほど単利と複利の差は広がっていきます。

2つ目の原則は、**「積立」**です。

株や投資信託といった価格変動のある金融商品に投資する方法として、「ドルコスト平均法」というものがあります。これは、変動によるリスクを抑えるために、一度にまとまった額を投資するのではなく、月に一度など定期的に一定の額を分散して投資する方法です。一定額を投資するということは、価格が低いときには購入量（口数）は多くなり、価格が高いときには購入量（口数）が少なくなります。これを定期的に続けていくことで、次第に購入額が平準化していきます。

つまり、少額でもコツコツと長期的に積み立てていくことにより、投資リスクが低減するということです。

3つめの原則は、**「分散」**です。第1章で私は、「不動産投資だけでなく、株やＦＸ、投資信託など他の投資でロープを３本以上持っておくとよい」とお伝えしました。これが分散投資ということです。

大富豪の多いユダヤ人の間に伝わる格言に、このようなものがあります。

「ひとつのカゴに卵を盛るな」

これはひとつのカゴに卵を全部入れてしまうと、カゴを落としたときに卵はすべて割れてしまいますが、いくつかのカゴに分けて入れておけば、ひとつのカゴを落としたとしても他のカゴに入った卵は無事です。さらにその卵がふ化するまで育てていくというのが、ユダヤの教えです。つまり、資産もいくつかに分散して運用することを指します。
自分の国を持たず、世界各地で迫害を受けながら生き延びてきた歴史を持つユダヤ人たちは、この教えに従って資産を守ってきました。不動産、株、預金・保険、金（ゴールド）と分けて持っておけば、たとえば現金をすべて奪われても、資産を現金に換えて生活することができます。

初心者のための投資リスクを抑える3つの基本

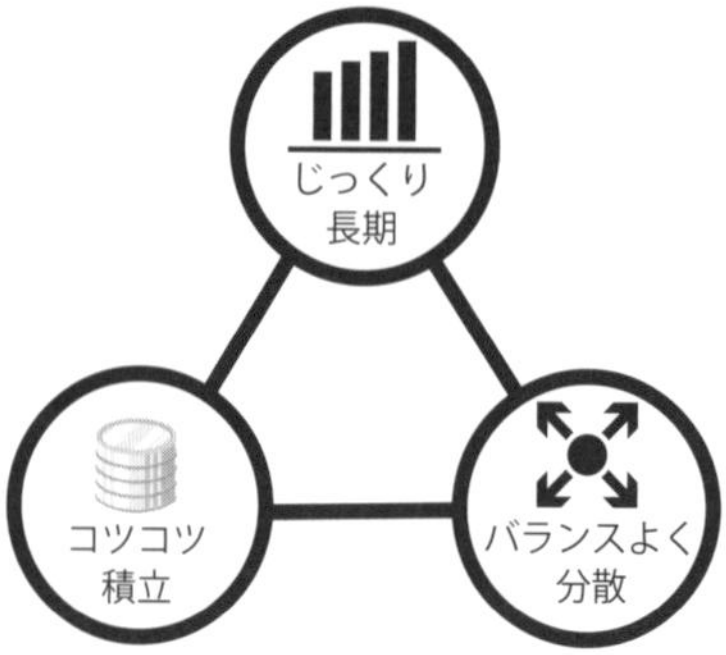

加えて、ただ卵を分けるだけでなく、分けて持っている卵を鶏に育て、さらに卵を産んでもらうというのも、ユダヤ人たちの生き延びるための知恵でした。
分散投資にはさまざまなやり方がありますが、**基本は「値動きの異なる資産に分ける」こと**です。ひとつの資産の価値が落ちても、もうひとつの資産の価値が上がっていれば、トータルで資産を守ることができます。

たとえばビジネスで起業することも投資のひとつと言えますが、必ずしもうまくいくとは限りません。また軌道に乗っても、5年後、10年後まで生き残れるとも限りません。それなら、自力の起業だけでなく、同時に株や投資信託など他人の力に委ねる投資や、他人が払ってくれる家賃収入によって5年後、10年後にはしっかり資産形成ができる不動産投資なども行い、資産を確保しておく工夫をする必要があるでしょう。

長期・積立・分散。まずはこの3つの原則を、しっかり頭に入れておいていただきたいと思います。

③キャピタルゲインとインカムゲイン

投資用語としてよく使われる言葉に、「キャピタルゲイン」と「インカムゲイン」があります。

キャピタルゲインは、ものを安く買って高く売ることで得られる利益のことを指し

ます。株やＦＸなどは、安く買って値上がりしたタイミングで売ることで、利益を得ることができます。本やゲームのセドリでも、安く入手したものを高く売ることで利益を得る仕組みです。逆に、買ったときの値段よりも安く売ることになってしまった場合の損失は、キャピタルロスと言います。

インカムゲインは、保有していることで定期的に得られる収入のことを指します。株の配当や株主優待などは、インカムゲインに当たります。

では、不動産投資はどちらに当たるでしょうか？

不動産投資では、保有している物件に住んでいる人が毎月家賃を払ってくれるので、インカムゲインが得られます。また、その不動産を売却すれば、キャピタルゲインが得られます。つまり、両方の性質の利益が得られるということです。

先ほど、投資の原則としてお伝えした「分散」に当てはめて考えると、不動産投資はひとつの投資で性質の異なる利益をとれることにより、リスクが軽減されるということになります。持っている物件の価値が仮に下がってしまったとしても、キャピタルロスを出す前に、しっかりインカムゲインをとることで損失を抑えることができるというわけです。

もちろん、不動産投資だけで分散投資ができているとは考えず、他の投資にもできるだけ分散したほうが望ましいと思います。キャピタルゲインで大きく稼げるなら、それに越したことはありません。また、不動産投資でもキャピタルロスのリスクが高い投資をする人も多くいます。

ですが、キャピタルゲインの投資だけで資産形成をするよりも、安定したインカムゲインが得られ、かつキャピタルゲインの期待もできる不動産投資もバランスよく行っておけば、より低リスクで安定的な資産形成ができるはずです。

④レバレッジを効かせる

投資の世界では、「レバレッジ」という言葉もよく出てきます。レバレッジとは「テ

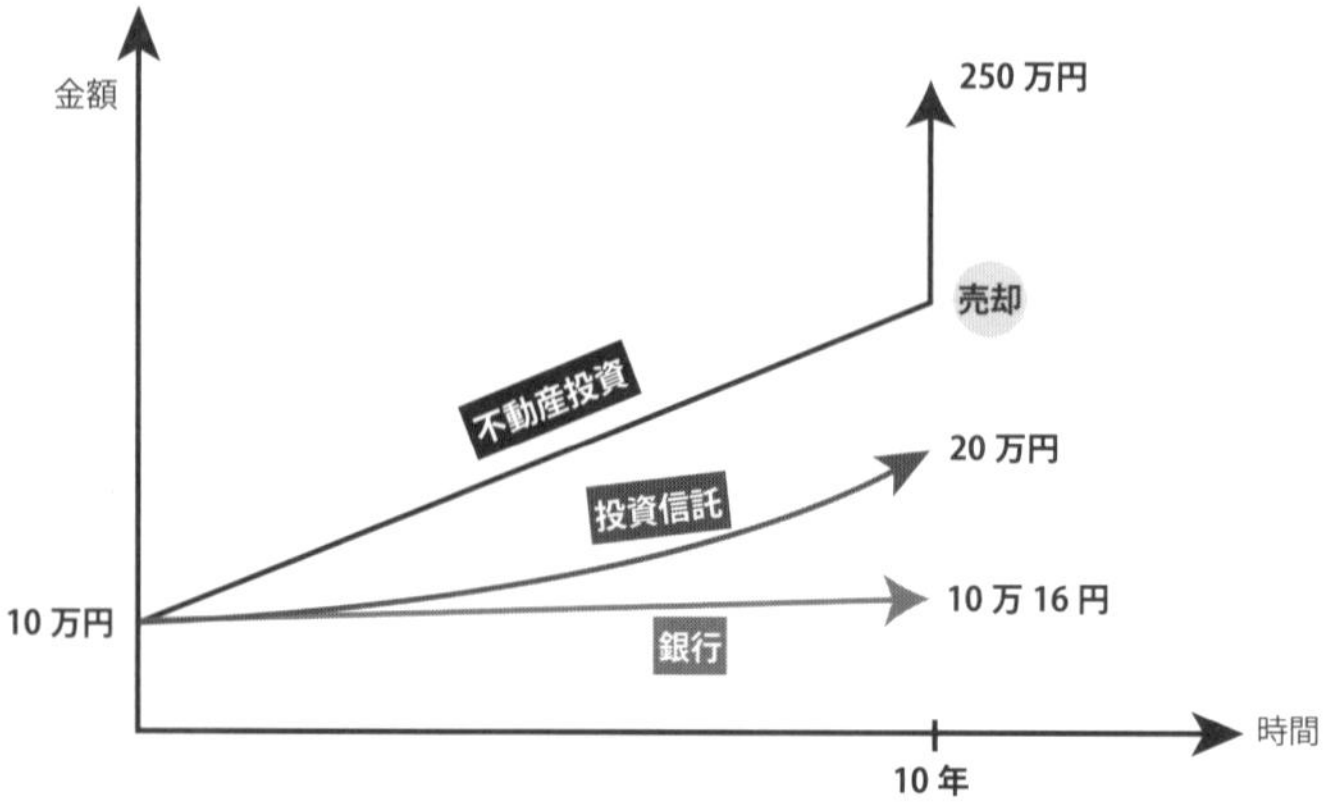

コ」のことです。

テコの原理はみなさんご存知だと思います。**小さな力で大きなものを動かせる仕組みのこと**ですね。投資用語としても意味は同じで、小さなお金で大きな資産を生み出すことを、レバレッジと言います。

そして、不動産投資も、レバレッジを効かせて大きな利益を生み出すことができる仕組みとなっています。

ワンルーム投資では、10万円の資金でも、2500万円のマンションを購入することができます。融資を受けて購入するので、もちろん家賃収入からの返済は必要ですが、返済は家賃で行いますし、返済し終わってしまえばそのマ

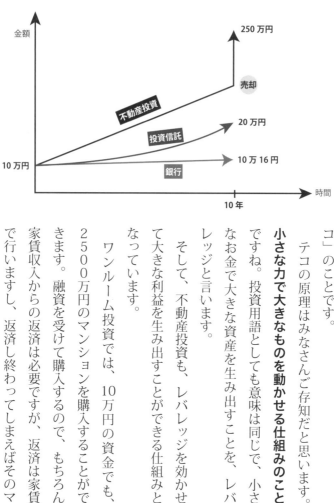

ンションはそのまま自分のものとなり、家賃収入を年金代わりにすることもできますし、売却益を出すこともできます。

２５００万円の資産に対して元手は10万円ですから、売却時の市況で多少前後しますが、最終的には元手が２５０倍に膨らむというわけです。

仮に10万円を銀行に預金しておくとしたら、利息は10年でたったの16円です。投資信託などで複利の投資をしても、10年や20年で資産が倍近くなることはあっても、２５０倍ということはあり得ません。まったく同じ額で始める投資でも、ワンルーム投資に使えば結果はまったく異なるわけです。

さらにワンルーム投資の場合には、第1章でお伝えしたとおり、死亡保険の代わりにもなり、もし購入者本人が亡くなってしまった場合には、２５００万円のワンルームマンションはそのままご遺族のものとなります。

10万円では家族とハワイ旅行に行くのも厳しいですが、その金額でワンルームマンションが手に入ると考えれば、やらない手はないのではないでしょうか？

⑤情報を「事実」と「意見」に分ける

「投資はリスクが高いからやめたほうがいいよ」
「失敗する人もたくさんいるんだから、恐いよね」
投資に興味を持ち始めても、そんな言葉を聞いて不安になってしまう人もいるかもしれません。

ですが、投資をむやみに怖がる必要はありません。世の中には投資に消極的な人も多いでしょうが、その人たちはどこまで「事実」を話しているか、考えてみていただきたいのです。

アメリカの投資家、金持ち父さんシリーズで知られるロバート・キヨサキの著書『金持ち父さんのキャッシュフロー・クワドラント』(筑摩書房)には、「成功したいと思うなら、お金に関する事実と意見の違いを知らなくてはいけない」といったことが書かれています。金銭的に成功するかどうかは、友人や知人の意見ではなく、数字で示されている事実に目を向けられるかどうかが重要だ、という話です。

たとえば、コップに水が入っているとして、それを見た人が「少ししか入っていない」と言うのも、「たくさん残っている」と言うのも、ひとつの意見に過ぎません。何ミリリットルの水が入っているかという事実を把握せずに、そうした意見だけを聞いてしまうと、水は少ないのか多いのか、自分にとって足りているのかいないのか、判断することはできません。

投資についての話も同じで、「投資はリスクが大きい危ないものだよ」という声は、その人の過去に基づくひとつの意見に過ぎません。投資が危ないとすれば、それは何かしら理由があって失敗をした場合です。その人が指す失敗したケースとは、具体的にどのような事実を指しているのかがわからないうちに、**「投資は危険」と判断するのは、事実ではなく意見に左右されているといえます。**

ですからみなさんには、もし「不動産投資、失敗した人がいるから危ないと思うよ」と言われたとしたら、その失敗はどのようなものだったのか事実を確認してみていただきたいと思います。具体的に聞いてみれば、その話はオフィス投資の話で、ワンルームマンション投資には当てはまらないような失敗かもしれません。地方の空き家への投資と都会のワンルーム投資でも、失敗する原因はまったく異なります。みなさんには、意見ではなく事実を確認し、その事実の中から判断していただきたいのです。

なお、第5章ではさまざまな事例をお伝えします。

未来がどうなるかは誰にもわかりません。しかし、過去から現在まで繰り返されてきたこと、再現され続けていることは、未来にも再現される可能性が高くなります。これが、予測というものです。過去の事実に基づいて予測していくことで、未来は自分で予測をすることができます。

たとえば、ある地域における家賃の相場がいくらかというのは、インターネットで簡単に調べることができます。

「周りの相場がこうだから、自分もこの家賃ならうまくいくな」

と判断することも、過去の事実に基づいた未来予測です。

投資をする際はぜひ、曖昧な意見に耳を傾けるのではなく、数字で示される事実に目を向けて、そこから判断するようにしてください。

⑥ 不動産は負債か資産か？　お金の３つの使い方

みなさんは自分のお金の使い方を振り返って、「ちょっと無駄遣いしちゃったかな」「いい買い物をしたな」と思ったことがありませんか。お金の使い方は、次の３つに分かれます。

・**投資**：成長できて、資産になるもの
・**消費**：生きていく上で不可欠なもの
・**浪費**：感情的、衝動的に使い、何も生み出さない

投資は資産を増やしたり、自分のスキルアップに繋がったり、未来の成長に繋がるものにお金を使うことです。

消費は、食べ物や生活用品、衣類など、自分の生活に必要なものにお金を使うこと

です。

浪費は、そのときの感情に任せて、必ずしも必要ではなく未来の成長にも繋がらないようなものにお金を使うことです。

食べ物にお金を使う場合でも、尊敬する人から有意義な話を聞くために高級なレストランで食事をするといったことは、投資にあたります。失恋してヤケ食いを続けて体重が増えてしまい、また落ち込む……といったケースでは、浪費にあたるでしょう。飲んだ後に惰性でラーメンを食べてしまうなら、それも浪費です。

しかし、落ち込んだ気分を切り替えて次に進むためにお腹いっぱい食べようというのであれば、ヤケ食いも投資になります。飲んでいて、もう少しこの人と関係を深めたいなと思ってラーメン屋に誘うのであれば、それも投資です。

使うお金が投資になるか、消費になるか、浪費になるかは、使う前の意識次第でもあるということです。そして、できるだけ投資になるようにお金を使っていくことが、自己成長や資産形成に繋がっていきます。

普段からお金の使い方がこれらのどれにあたるか意識することができれば、お金は自然に増えていくことになります。**買い物をしたレシートに、これは投資・消費・浪費のうちどれにあたるかマークを書き込んでみると、浪費マークは書きたくなくなるので、自然と浪費は減っていくはずです。**

不動産についても、同じように投資・消費・浪費の３つにあてはめて考えることができます。

家賃収入の得られる不動産を持っていれば、それは投資です。自分が住むための家は、消費です。いいなと思って買ったけれどあまり有効に使えていないような別荘なら、それは浪費です。消費は生きていく上では不可欠ですが、プラスして不動産を購入するなら、不動産投資に使うのか、たまに自分が泊まって楽しむだけの別荘に使うのか、将来のためにはどちらのほうがいいか、おわかりになりますよね。

融資を使って不動産投資をすることに対して、

「返済が必要ということは、負債を抱えているということですよね」

と言う人もいますが、不動産投資については家賃収入が得られ、資産形成できるものですから、これは負債ではなく資産という考え方になります。一方で、ときどき自分が使うだけの別荘を買うためにローンを組んだら、こちらは負債となります。

ただ、浪費は絶対にしてはいけないわけではありません。浪費をすることで味わえる気持ちもまた、そのときには大切なものだったりすることはあります。

ですが、浪費をするのであれば、それとバランスをとるように、投資にもお金を使い、資産を増やしていただきたいと思います。

お金を持っている人が、高級車や高級レストランにお金を使っているのは、その分だけ先に投資で資産を増やすことができているからです。投資でお金を増やしていけば、浪費にもお金が使えるようになっていく。投資をしている人のほうが浪費できるのも、ご理解いただけるかと思います。

⑦ワンルーム投資の利回りとは？

他の投資に詳しい人と話をしていると、よく「利回りはいくら？」と聞かれます。利回りとは、投資額に対する収益の割合のことを言います。

たとえば10万円を元本に投資信託で投資をするとき、年利回り４％の商品を選べば１年で４０００円の利益が出ます（正確には、利子税というものが引かれて３２００円くらいになりますが、ここではいったん置いておきます）。

では、ワンルーム投資では、どのような利回りになるのでしょうか。

ワンルーム投資における利回りは、物件価格に対して年間家賃収入がいくらかということになりますが、一般的には３〜４％となっています。それなら投資信託で投資するのと変わらないのではないかと言う人もいますが、ワンルーム投資では運用益を考えることが大切です。ワンルーム投資の場合は、10万円を元手に始めますが、運用していきながらどのように収益を生み出せるかを考えてみてほしいのです。

たとえば10万円を元手に融資を受け、２０００万円の物件を購入して運用する場合で考えます。１年で４％の利回りとすると、得られる利益は80万円ということになります。そのうち40万円は返済に回し、残った40万円を収益とすると、元手の10万円に対して得られる収益は400%ということになります。

さらに、返済が終われば、その物件を売却して2000万円を得ることも可能になります。

これが投資信託であれば、10万円に対して4%の利回りで得られる収益は4000円です。同じ10万円で始めても、利益は投資信託では4000円、不動産では40万円というように、大きな差が生じることになります。

ワンルーム投資はこのように、同じ利回りでも10万円を元手にレバレッジが効くことで大きな収益を得ることができる投資なのです。ただし、レバレッジが効く投資というのは、リスクにもレバレッジが効いてしまいます。購入後にその物件が大きく値下がりしてしまった場合には、損失額もそれなりに大きくなってしまうということです。

ですから、物件選びはとても重要です。不動産は入り口ですべてが決まると言われるほど、物件選びには慎重さが必要なのです。選び方は次の章から具体的に説明していきますが、基本的には専門家の意見をよく聞いて客観的に選んでいただきたいと思います。

今説明したように、ワンルーム投資は他の投資とは収益を得る仕組みがまったく異なる投資です。本章では、投資の基礎は分散だとお伝えしましたが、**10万円でワンルーム投資を始めたのちに、残った資金で同時に投資信託など他の仕組みの投資にも取り組んで、資産を分散させながら育てていくこと**をおすすめします。

⑧人口減少の日本で、サラリーマンは安泰か？

今、世界的には人口は増加傾向にあります。発展途上国を中心に人口は増え続けており、２０２２年には世界人口は80億人を突破。２０３７年には90億人、２０８０年には１０４億人にも達すると予想されています。

経済というものは、人口と密接に関わっています。ものが売れるということは需要があるということですが、需要があるということは、欲しいと思っている人がたくさんいるということです。

以前、飲食店の経営者と話していたときに、「僕たちは人の胃袋の数で商売をしているんだ」と聞いたことがあります。シンプルですが、たくさんの人が食べに来れば、飲食店は儲かるということです。人口が増えるということは、胃袋も増えるということですから、飲食店はより儲かることになります。

不動産投資も同じです。人口が増えて、家に住みたいという人が多くなれば、不動産の需要も高くなります。

しかし、世界人口は増えているにもかかわらず、日本の人口は減り続けています。終戦以降、人口を増やし続けてきた日本ですが、２００４年12月の１億２７８４万人をピークに減少に転じ、２０２２年12月には1億２４８６万人になりました。このペースで、２０５０年には９５１５万人になると予測されています。

世界人口が増えているのに日本の人口は減っていく。これはつまり、国内需要は減り続け、世界における日本の競争力は相対的に下がっていくということです。人口が減り、国の経済力が落ちれば、円の価値も下がります。円安になれば、食品をはじめさまざまなものを海外からの輸入に頼っている日本では、生活費は高くなります。しかし、国内需要は減っているので、そう簡単に給料は上がりません。

そう考えると、日本でサラリーマンとして働くことは、決して安泰な生活とは言えなくなります。将来を考えると、今後は会社から給料をもらうだけでなく、投資など他のことで資産をつくっていかなければならないのです。

では、不動産投資の場合は人口が減っている日本では不利ではないか、と思う人もいるかもしれません。

ですが、日本の中をさらに細かく見てみると、すべての地域で人口が減っているわけではありません。今後、人口が減っていくと予測される地域もあれば、増え続けると予測される地域もあります。つまり、**需要がどこにあるかをよく見て行うことが、ワンルーム投資の成功につながる**ということです。

⑨ こんな人は投資に向いていない！

私は、みなさんにワンルーム投資で豊かな人生を手に入れていただきたいと思っていますが、実はワンルーム投資には向いていない人もいます。

それは、自己中心的なものの考え方をする人です。

私は、**お金は「ありがとう」に付随していただけるものだ**と考えています。「住まわせてくれてありがとう」「美味しいものを食べさせてくれてありがとう」と思えるから、人はお金を払います。「こんなところに住みたくない」と思えば人は出て行きますし、「美味しくなかった」と思えば人は次からそのお店に行きません。自分が儲けることばかりを考えて、人から「ありがとう」と思ってもらえることを考えなければ、お金はもらえなくなってしまうのです。

ですから、ワンルーム投資においても、**入居者の目線で、ここに住みたいと思えるかどうか、多くの人に喜んでもらえる物件かどうかを考えて、進めること**が重要です。

ところが、自己中心的な人だと他人の立場に立って考えることが苦手なので、不動産投資では失敗してしまうのです。

中古ワンルーム投資は、たしかにスタートしてしまえばあとは自分の時間や労力を削ることなく、本来の仕事ややりたいことに集中できる楽な投資です。ですが、最初だけは時間をとって物件をしっかり見て、**入居者の立場でここに住みたいかどうか、自分で判断していただきたい**と思います。

他にも、こんな人はワンルーム投資に向いていません。

●慎重すぎて決断力に欠ける人

投資にはリスクは必ずついて回りますが、そのリスクを気にしすぎると、いい物件に出会ったときにも決断できず、チャンスを逃してしまうことになります。リスクをできるだけ軽減するためには分散投資が必要ですが、すべてノーリスクで投資することはできません。

●他人のせいにする人

投資は自分でしっかり責任を持って行うものです。納得し、物件を購入したのならば、たとえ思うようにいかなかったとしても、物件を勧めた人のせいにはできません。信頼できる人に任せることも大事ですが、任せることにも決断が必要です。自分で努力してルールを知り、物件を選ぶことが重要なのです。

●何でも自分でやりたがる人

自分で何でもやらないと気が済まないという人も、ワンルーム投資では少し向かないかもしれません。すべてを把握したがる人は、リスクやデメリットもすべて知りたがり、決断力を鈍らせることがあります。不動産投資では、よほどのめり込んでいて不動産投資が大好きという人でなければ、専門的なことはプロに任せることも大切です。そして、本来自分がやるべきことに時間を使っていただきたいと願います。

当てはまると感じた人もいるかもしれません。もしこのような傾向があれば、ワンルーム投資にあたっては、しっかりマインドを学んでから始めていただければと思います。

⑩ あなたの立場で考えてくれるアドバイザーを見つけよう

不動産とは、字のごとく「動かない資産」です。動かない、動かせないわけですから、購入した後で、「もっとこうすればよかった」と思っても簡単にやり直しはききません。立地も購入後に変更することはできませんし、広さも、窓や玄関の向きも変えられません。

また、ワンルーム投資はファミリーマンションとは違って、キッチンを広く作り替えたり、間取りを変えたりなど、リノベーションでグレードアップすることも困難です。

ですから、ワンルーム投資では入り口、購入時がとても重要なのです。購入時に9割以上が決まると言っても過言ではありません。

しかし、物件の良し悪しを素人が判断することは、非常に困難です。そこで大切なのが、プロの力を借りるということです。たとえば、不動産をよくわかっていて、膨大な情報を持っていて、適切な物件を探し、適切なアドバイスをしてくれる人を味方につけたうえで、ワンルーム投資をスタートしていただけると安心です。

では、どんな人をアドバイザーとして味方につければいいのでしょうか。多くの人は「不動産会社の人」を思い浮かべると思います。ですが、不動産会社は物件を売るのが仕事で、「自社の物件」を売ることがミッションとなっています。売るものが決まっているということです。特に、ずっと入居者がついていない物件を保有していれば、何とかその物件を買ってもらおうとするのが、不動産の営業マンです。

また、不動産投資は一度始めたら5年、10年と長く続けるものです。しかし厚生労働省「2019年 雇用動向調査結果の概要」によれば、不動産業および物品賃貸業の離職率は15・１％となっています。スタート時点でアドバイスをしてくれた人が、売却しようとした10年後にもいるとは限らないのです。

さらに、不動産投資は、自分が住む家を探すわけではなく、あくまでも投資です。ところが不動産会社の営業マンは投資のプロではありません。住みやすさなどはアドバイスをもらえますが、投資物件として長い目で見るとこうですよ、とアドバイスしてくれる不動産営業マンはほとんどいません。

ですから、アドバイスをもらうのであれば、私は**資産運用のプロにお願いするのが正解**だと思っています。不動産投資を理解しているだけでなく、株や投資信託など他の投資も合わせて、トータルでどうバランスをとって資産を増やしていくかを考えてくれる人に意見を求めるのがベストでしょう。

ちなみに、私の場合は初回無料でみなさんの相談に乗っていますので、興味がありましたら本書の最後に掲載するＬＩＮＥ公式のＱＲコードからアクセスしてみてくださいね。

第2章 まとめ

□投資の原則、長期・積立・分散を意識しよう

□周りの意見に振り回されず、賢くお金を運用しよう

□儲けることより、他人の立場でものを考えることが大切！

第3章

最良の物件はこう選べ！

POINT

「ワンルーム投資は入り口で決まる」と言われます。理由は、文字どおり不動産は後で変えられるものがほぼないからです。逆に、正しい物件選びができれば、後はほとんど手間をかける必要がありません。そのくらい、物件が重要なのです。

それでは、物件の選択のポイントは何でしょうか。失敗しない中古ワンルームの選び方をお伝えしていきましょう。

東京都は外国人を含めれば人口増の傾向

２０２３年7月26日、日経新聞一面に、総務省発表の「人口動態調査」の結果が掲載されました。その見出しには、

「日本人全都道府県で減少」

「外国人２９９万人底支え」

「東京2年連続、沖縄初」

とありました。

これを見ると、多くの人が「東京の人口、減ってるじゃん」と思いますよね。内容をよく読んでいくと、たしかに東京都では日本人の人口は2年連続で減っています。しかし、一方で外国人の人口は全都道府県で増加しています。また、２０６７年には日本の総人口の10・２％が外国人になるという予測も掲載されていました。

これらを総合して考えていくと、日本人の人口は減っていますが、外国人人口は増えており、総人口としては**東京では増加**していることがわかります。記事にも、

「首都圏の１都３県は２年連続で減少。外国人を含めれば人口増に」

と掲載されています。増加傾向に変わりはありません。

ワンルーム投資において、住む人の国籍はオーナーには重要な問題ではありません。重要なのは、家賃をしっかり払っていただけるかどうかです。

これを踏まえて、家賃を払ってくれる居住者がしっかり入る物件を選んでいきましょう。

都内・中古・ワンルームを選ぶ理由とは？

第1章でも、都内中古ワンルームマンション投資のメリットをお伝えしてきましたが、ここでもう一度、「都内」「中古」「ワンルーム」を選ぶ理由をおさらいしておきたいと思います。

まず「都内」「ワンルーム」のメリットについては、日本の人口は減少している一方で、

2019年3月「東京都世帯数の予測」東京都の家族類型別世帯割合の推移より

年次	総数	単独	夫婦のみ	夫婦と子供	ひとり親と子供	その他一般
2000年※	100.0	40.9	16.9	27.9	7.3	7.0
2005年※	100.0	42.5	17.4	25.9	7.7	6.5
2010年※	100.0	45.8	17.1	23.9	7.5	5.7
2015年※	100.0	47.3	17.0	23.5	7.6	4.7
2020年	100.0	48.3	16.8	22.9	7.6	4.4
2025年	100.0	49.0	16.9	22.4	7.6	4.1
2030年	100.0	49.6	17.1	21.8	7.6	3.8
2035年	100.0	50.4	17.2	21.3	7.6	3.5
2040年	100.0	51.2	17.5	20.7	7.4	3.2

※のついた年次は実績年を示す（単位：%）

東京都の人口は増加していることが挙げられます。中でも、一人暮らし世帯は今後も増え続けると、東京都や国は予測しています。

東京都が2019年3月に公表した「東京都世帯数の予測」によれば、都内の一般世帯数は、2035年にピークを迎えた後、減少していくとされています。

しかし、「家族類型別世帯」の予測を見ると、**単独世帯数と夫婦のみの世帯数は、2040年まで増加傾向が続くとされています。**中でも、単独世帯は2035年に過半数を超える予測です。

また、2035年までは人口が増加する中でも、単独世帯が占める割合が増え続けるということは、単身者の人数も確実に増えていくということがいえます。

ビジネスの基本は、需要があるものを扱うことです。実数として増えるということは、ビジネスターゲットとしてもベストだということですから、不動産投資でも単身者をターゲットとするならば、ワンルーム投資がメインです。


次になぜ「中古」か？　ですが、端的に言えば、新築よりも安く入手できることがメリットとなります。

新築と中古では、価格の決定方法が異なります。新築物件の価格には、土地の仕入れ価格や建物の建築費が加えられ、さらに広告宣伝費などの経費も上乗せされます。ビジネスですから、これは当然のことです。

一方、中古物件のほうはそのときの家賃を基に価格が決まります。

このように、新築物件は買うときと売るときで、価格の決定方法が変わります。買うときは建築費用や広告費なども加えた価格になっているのに、売るときには家賃を基準にした価格になるため、購入時と売却時の価格に差が発生する可能性が高くなります。簡単に言えば、高く買って安く売ることになりやすく、損をする可能性が高いのです。

しかし、中古物件を購入しておけば価格の決定方法が同じなので、購入時と売却時の価格差は生じにくくなります。もちろん、地域の中で将来的にニーズのない物件を選んでしまうと、売却時に安くなってしまうことはありえますから、先ほど伝えたようにニーズが維持されるのかが重要です。「都内」「ワンルーム」を選べば、価格が大きく下落することはあまり考えにくいです。

こうした理由から、今から不動産投資を始める人には「都内」「中古」「ワンルーム」がベストだと私は考えています。

東京都23区のワンルーム建築規制の現実

新築ではなく中古物件をおすすめするのには、実はもうひとつ理由があります。それは、**東京都23区すべてでワンルームマンションの新築に規制がある**ということです。当たり前のことですが、新築は誰かが住めば中古になります。

東京都23区ではそれぞれの区の条例により、ワンルームマンションを新築する際に、専有面積の下限の規定や、ファミリー向けの部屋を一定割合で設置すること、マンションの建築主への課税などの規制が課されています。

自治体としては、単身世帯ではなく家族で住んでほしいという思いがあるのでしょう。ですからワンルームマンションの新築はかなりハードルが高くなっているのです。

マンションは、一度建ててしまうと長期にわたってその対象者しか住んでもらえません。そのため自治体は慎重になるのでしょう。収入がほとんどない学生や、すぐに引っ越してしまう可能性のある単身者よりも、経済的に余裕のある人に家族で住んでもらい、長く多く住民税を払ってもらうほうが、自治体としてはありがたいのです。

そんなわけで、規制ができたここ10年ほどは、**23区では25平米未満のワンルームマンションはほとんど建てられていません。**部屋は狭いほど家賃は安く設定できますが、家賃の安い新築マンションはつくれなくなってしまっているわけです。しかし、単身世帯の人口は今後しばらくは増加し続けます。つまり、**新築が建てられない以上、中古物件のニーズは上がり続ける**というわけです。

さらに、東京にはほとんど土地が残っておらず、新築物件を建てにくいという事情もあります。新築には規制があり、建てようにもそもそも土地が残っていない。でもニーズは増え続ける。そうなれば、中古物件の価格は下がりづらくなります。10年以上先に投資の出口を設定していれば、損をしづらいということです。

マンションではなくアパートではどうかと思う人もいるかもしれませんが、アパートは木造が基本です。木造の建築物については、減価償却の期間が22年間と国で定められています。一方、鉄筋コンクリート造のマンションでは、減価償却費は47年間です。

減価償却費とは、会計上、建物が経年劣化していく分の金額を、帳簿上の建物価格から減らしていく処理のことを言います。この期間は法律で決められています。つまり、これが短いということは、経年劣化が早いと認められているということです。ですから、アパートの場合は、ローンを支払っている間にも経年劣化して、取り壊さなくてはならなくなる可能性があるのです。

長期間の運用を考えているのであれば、鉄筋コンクリート造のワンルームマンションを選ぶほうがよいでしょう。

世界から見ても魅力的な「東京」

立地について、全国の中でも東京都がベストである理由について、ここでもう少し付け加えさせていただきます。

アメリカの都市政策アナリスト、ウェンデル・コックスらによる都市的地域の人口調査「Demographia」による２０１９年のランキングでは、世界の都市的地域の中で最も人口が多いのが「東京－横浜」の首都圏となっています。２位がジャカルタ（インドネシア）、３位がデリー（インド）、４位がマニラ（フィリピン）、５位がソウル（韓

外国人労働者数

（人）

平成30年	対前年増加率	令和元年	対前年増加率	令和２年	対前年増加率	令和３年	対前年増加率	令和４年	対前年増加率
1,460,463	14.20%	1,658,804	13.60%	1,724,328	4.00%	1,727,221	0.20%	1,822,725	5.50%

厚生労働省「外国人雇用状況」の届出状況まとめ（令和４年 10 月末現在）より

国）です。

この人口が多い東京に、昨今では海外の人々も流入するようになってきています。コロナ禍前の２０１９年には訪日外国人観光客が３０００万人を突破しており、さまざまな業界がインバウンドをターゲットに動いてきたのはみなさんもご存じだと思います。その多くは東京、大阪など大都市圏を中心に動いています。

外国人は観光客だけでなく、働きに来る人も増え続けています。厚生労働省『「外国人雇用状況」の届出状況まとめ』によれば、２０２２年には過去最多の１８２万人に到達しています。そのうち約50万人は東京都で雇用されています。

日本では人口の一極集中が問題視されており、地方の過疎化を止めようとさまざまな施策がなされていますが、雇用や情報、医療や教育が集中する首都圏では、当面はこの傾向が続くことでしょう。

このように人口が過密化する東京では、当然住まいのニーズも高いということで、**海外の投資家たちの間でも、日本での不動産投資は人気は高まっています。**

投資家が目を向ける理由は、人口だけではありません。日本の家賃相場も、世界から見れば魅力的に映るのです。

東京は、世界の都市の中でも家賃の安い大都市として知られています。ドイツ銀行が発表した「Mapping the World's Prices 2019」（96ページ図参照）によれば、世界の大都市家賃ランキングでは、東京は10位となっています。

ランキングの対象となるのは「mid-range 2 bedroom apartment」、つまり寝室が2部屋以上ある集合住宅ですが、これを見ると、香港やサンフランシスコでは日本の2倍近く、ニューヨークでは1・5倍以上の家賃になっていることがわかります。さ

大都市家賃ランキング

順位	エリア	家賃
1位	香港	3,685米ドル（約47万9,050円）
2位	サンフランシスコ（米国）	3,631米ドル（約47万2,030円）
3位	ニューヨーク（米国）	2,909米ドル（約37万8,170円）
4位	チューリッヒ（スイス）	2,538米ドル（約32万9,940円）
5位	パリ（フランス）	2,455米ドル（約31万9,150円）
6位	ロンドン（英国）	2,338米ドル（約30万3,940円）
7位	ボストン（米国）	2,201米ドル（約28万6,130円）
8位	ダブリン（アイルランド）	2,018米ドル（約26万2,340円）
9位	シドニー（オーストラリア）	1,969米ドル（約25万5,970円）
10位	東京（日本）	1,903米ドル（約24万7,390円）

「Mapping the World's Prices 2019」／1米ドル＝130円で換算

らに現在は円安が進み、海外から見ると日本の相場は下がっていることになります。

国内の人口が集中しており、海外からも人が集まっているうえに、家賃が安い。円安の中で、不動産購入もしやすい。この状況を見れば、ニーズは確実にあるわけですから、海外の投資家も目をつけるのは当然です。

日本人だけでなく、世界の投資家から見ても、東京は魅力的な場所ということです。ですから、東京の不動産の価格は上昇傾向にあるのです。

ターミナル駅まで30分以内がベスト

では、もう少し具体的に、ワンルーム投資時に押さえておきたい立地のポイントをお伝えしていきましょう。

東京と言ってもさまざまな場所がありますが、**重要なポイントは新宿、渋谷、東京、池袋などのターミナル駅まで30分以内で行ける場所**ということです。

実は、世界で一番乗降客数の多い駅は新宿駅で、ギネス記録にもなっています。他国ではバスや自家用車を多く利用するのに比べ、日本は鉄道中心の国となっているのです。実際、鉄道の発達した都市圏では車を持っていない人は多くいるはずです。

東京の中では、ターミナル駅にオフィスが集中しており、そこまで30分以内に移動できるところであれば通勤しやすく便利な地域だといえます。

東京23区であれば、だいたいどの駅もターミナル駅30分以内に当てはまるはずですので、あまり細かく考える必要はないかと思います。ただ、家賃相場はターミナル駅

世界の駅乗降客ランキングTOP15以内の駅

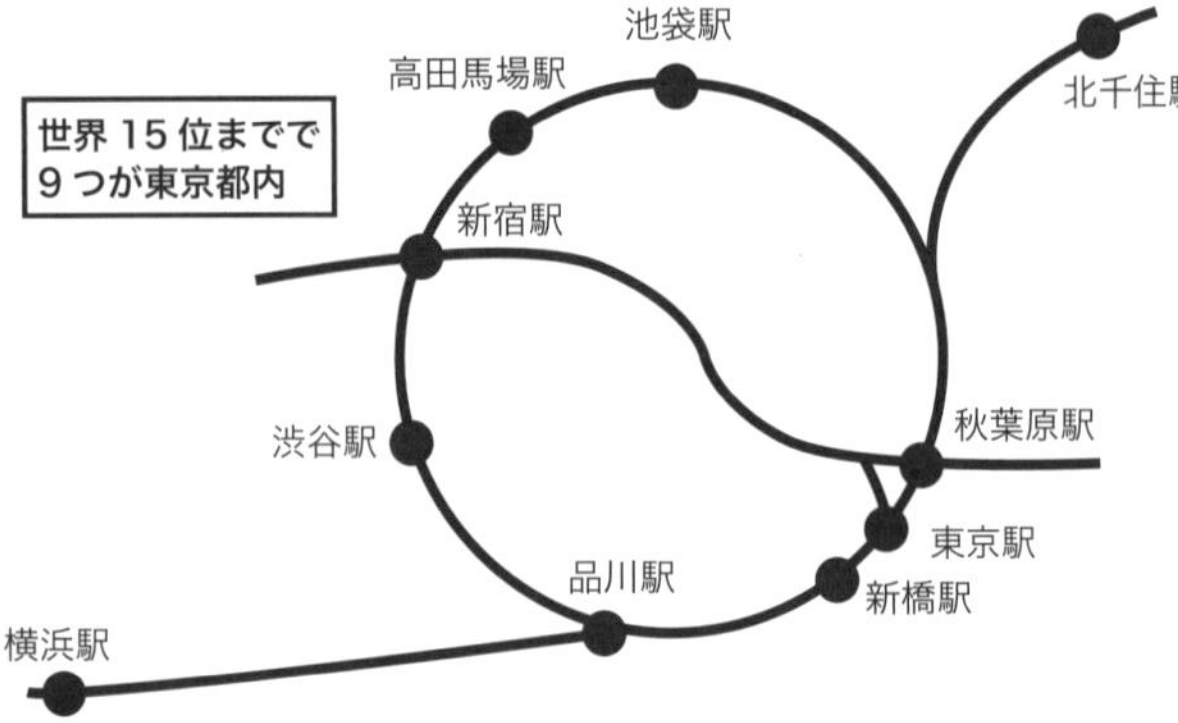

から離れるほど安くなり、当然購入時の価格も安くなります。安さと通勤のしやすさとのバランスを考えて場所を選ぶ居住者も多いので、そのあたりも考えてみましょう。

また、ターミナル駅までスムーズに移動ができる場所であれば、東京23区内にこだわる必要はありません。東急田園都市線では、渋谷駅から約15分で二子玉川駅に着きますが、その後多摩川を越えると神奈川県に入ります。そして、多摩川を越えると、家賃相場は下がります。

たとえば、多摩川を越えた溝の口駅は、渋谷駅まで乗車約20分ですが、家賃相場の安い地域となります。田園都市線の溝の口駅はJR南武線の武

田園都市線路線図

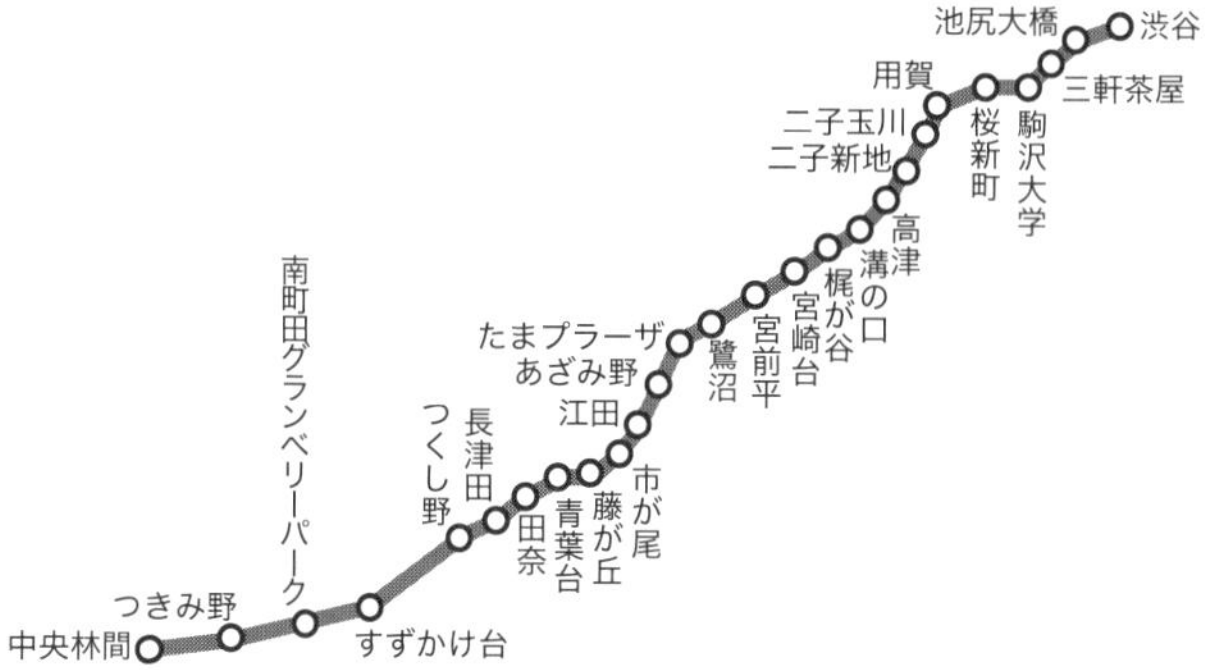

蔵溝ノ口駅とつながっているのですが、南武線沿線は工場が多く、田園都市線に住む人の層と、工場に勤務する人の層が違うため、家賃相場は低くなっています。

一方、田園都市線のたまプラーザ駅は、渋谷駅から乗車約30分ですが、駅前再開発によって溝の口駅よりも家賃は高くなっています。そう考えると、溝の口駅は利便性と家賃相場から見ても、今後需要は伸びていくように思われます。

今取り上げたたまプラーザ駅もそうですが、東京では駅の再開発が各地で進んでいます。ＪＲ東日本と東急の2社が乗り入れている武蔵小杉駅付近は、もともとは京浜工業地帯の一角で、工場や社宅が多い地域でした。

しかしバブル崩壊後に工場が次々と撤退していき、その後広大な跡地にタワーマンションが続々と建てられました。その結果、家賃相場は大きく上がっています。私の周りにも、「20年前に武蔵小杉に不動産を買っておけばよかった」と言う人は多くいます。

再開発が進んで住む人が増え、家賃相場が上がっていくと予想される場所としては、私は次の駅に注目しています。

●川口駅

埼玉県ですが、ＪＲで赤羽駅まで約３分、池袋駅まで約16分の位置。２００３年にサッポロビール埼玉工場が閉鎖された跡地にショッピングモールができ、都心まで出なくても近場で買い物が済ませられるように。一人暮らし世帯をターゲットにするなら、食品や日用品だけでなく、ファッションに関しても近場で日常的なものが揃うところが人気。

同じように、神奈川県の川崎駅も、駅前に旧明治製菓の川崎工場跡地にショッピングモールが建てられています。

●関内駅

関内駅ですが、駅前の横浜市役所が２０２０年に移転し、旧庁舎跡地には三井不動産グループが再開発を進めることに。今後、ライブビューイングアリーナを有する高層タワーに大学が入ったり、星野リゾートのホテルを誘致したりと、駅前が大きく変わっていきます。今までも不動産投資には人気の土地でしたが、今後さらに需要が高まるはずです。

●新横浜駅

東海道新幹線が通る新横浜駅には２０２３年３月から相鉄本線と東急東横線・目黒線が乗り入れる新横浜線が開通しました。埼玉県の川越駅からでも、東横線の直通電車に乗れば新横浜にそのまま行けて新幹線に乗り換えることができます。目黒線は三田線や南北線につながっており、新横浜駅から東京23区の各所に乗り換えなしで行けるようになりました。

交通利便性がよくなれば、当然不動産のニーズも高まっていきます。

●蒲田駅

東京都大田区にあるＪＲ・東急蒲田駅は、京急蒲田駅までの約８００ｍを鉄道で結ぶ新空港線が２０３０年代に開業される予定です。

これができれば、埼玉県の和光市駅から羽田空港まで直通で行けることになります。また羽田空港駅から新空港線を通って渋谷駅や新宿三丁目駅、池袋駅にも乗り換えなしで移動できるように。

蒲田駅はもともと、羽田空港のグランドスタッフやＣＡなど、空港関係者が多く住む町と言われていますが、これからインバウンドが増えて羽田空港の利用者がますます増えることを考えると、さらに需要が高まることが予測されます。

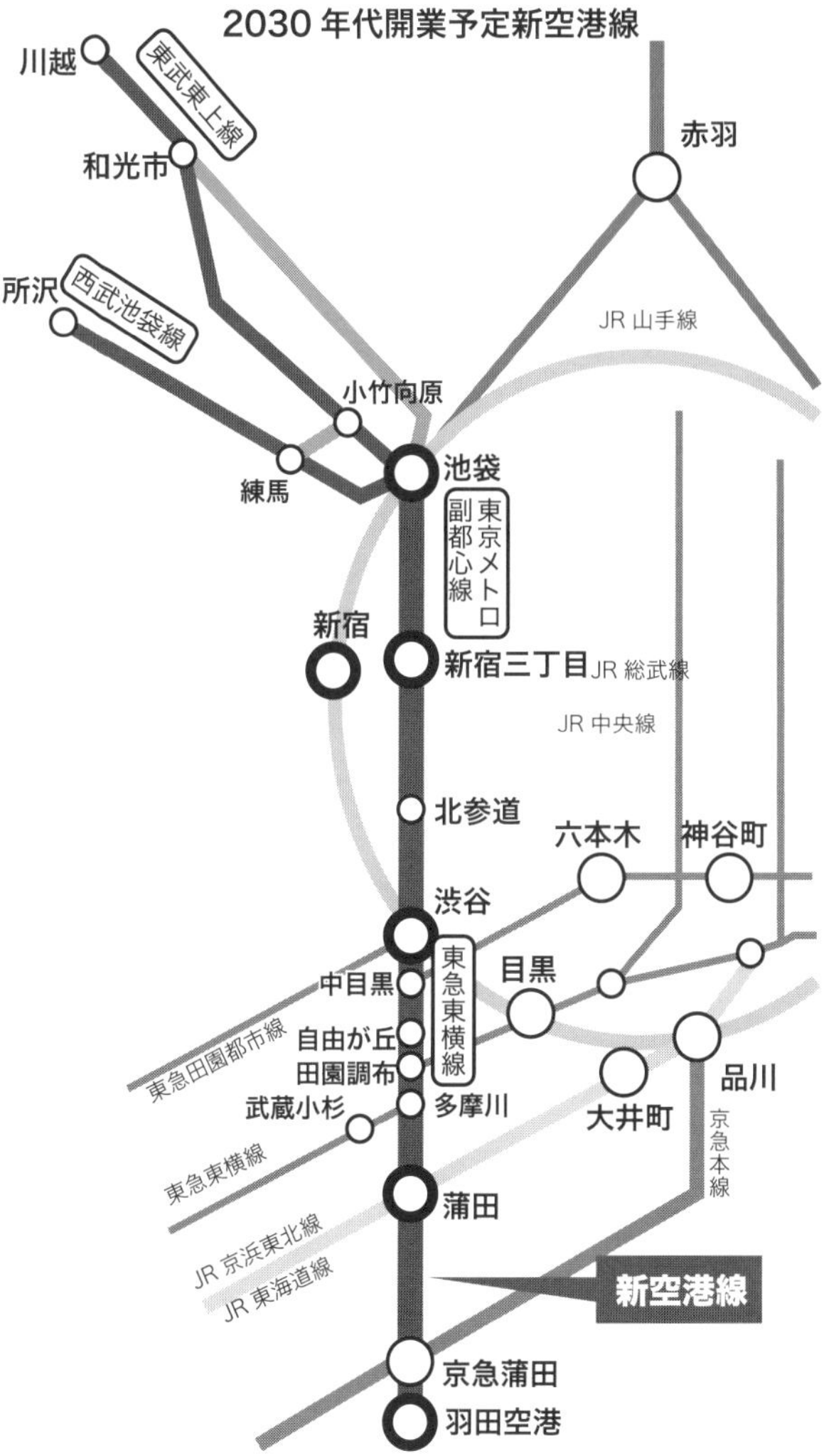
2030年代開業予定新空港線
川越
東武東上線
和光市
所沢
西武池袋線
赤羽
JR 山手線
小竹向原
練馬
池袋
東京メトロ副都心線
新宿
新宿三丁目
JR 総武線
JR 中央線
北参道
六本木
神谷町
渋谷
東急東横線
中目黒
目黒
自由が丘
田園調布
武蔵小杉
多摩川
東急田園都市線
品川
大井町
京急本線
東急東横線
蒲田
JR 京浜東北線
JR 東海道線
新空港線
京急蒲田
羽田空港

2025年関西万博に向けた開発予定

首都圏以外の地域ならどこ？

ここまで、立地としては東京都23区を中心とする首都圏をおすすめしてきましたが、首都圏以外でも、人口の多い大都市圏であれば需要は見込めます。

いずれにしてもターミナル駅まで30分で出られる駅が基本となりますが、大阪であれば梅田駅や難波駅、福岡であれば博多駅や天神駅などを中心に考えてみてください。

●大阪

大阪の場合は、関西万博が2025年に予定されており、夢洲地区に大規模なIR誘致が予定されています。大阪メトロ中央線など鉄道の延伸も計画されており、大阪駅（梅田）の南北から臨海部にかけては大きく変わるはずです。

このような、**これから再開発がある土地については、開発が終了する前になるべく早く買うことをおすすめ**します。再開発後になると、購入価格が上がってしまうからです。価格上昇を見越して購入することができれば、安く買って高く売る、キャピタルゲインを狙うことが可能です。

本来、ワンルーム投資はキャピタルゲインが目的ではありませんが、狙えるならば検討する価値は充分にあると思います。

●福岡

福岡の場合は、福岡空港と博多駅は2駅しか離れていません。かつ、空港から博多

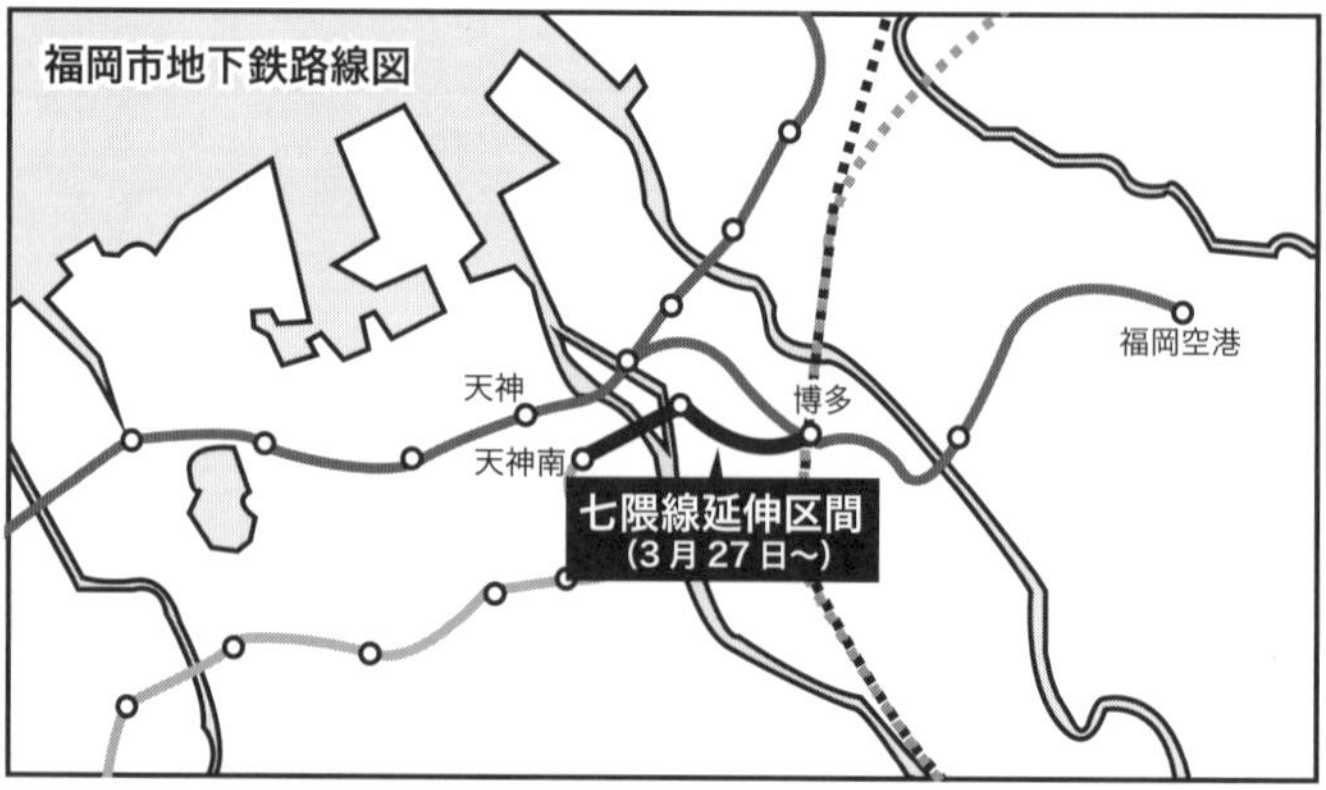

2023年3月に天神南駅と博多駅をつなぐ七隈線が開通

駅を通過し、天神駅にも地下鉄1本で移動ができます。現在は天神駅が中心街となっていますが、博多駅も開発が進んで便利になってきています。また、2023年3月に天神南駅から博多駅を結ぶ地下鉄七隈線が開通し、天神と博多の間に囲まれているエリアはより利便性が高まっています。

また、福岡に関してはインバウンドの需要も今後高まることが予想されます。福岡へは、韓国から飛行機で1時間もかからずに来ることができます。上海や台湾なども近く、アジア圏の人にとっては母国に近くて移動しやすく、日本に進出する際の拠点にしやすい地域となっています。

コロナ禍以前から急増していたインバウンド需要は、今後さらに過熱していくものと思われますので、意識しておくとよいでしょう。

このように、今需要が上がっているところや、今後需要が上がることが見込まれる地域を選べば、ワンルーム投資ではキャピタルゲインを狙うことも可能となります。

ただし、「今のうちに絶対買わなくては」と焦ることは禁物です。もちろん、ニーズが上がるチャンスをつかめるタイミングで購入できればいいのですが、自分自身のタイミングというものも大事にしてほしいのです。

たとえば、これから子どもの進学費用がかかるという人や、何か必要なものがあって貯金をしてきた人が、本来の目的のためにお金を使うことよりもワンルーム投資を優先してしまうと、その先困ってしまうリスクが高くなってしまいます。

自身のライフサイクルをよく考えて、焦らずに自分にとってよいタイミングで投資をしていただければと思います。

優先すべきは入居者ニーズ

物件を選ぶ際には、立地なども含め、**入居者のニーズを満たすことを最優先に考えることが重要**です。ワンルーム投資の一番のリスクは、空室が出てしまうことです。空室になればその間は家賃収入が途絶えますから、空室期間をいかに抑えるかが大切なのです。

もちろん入居者が入れ替わる際には、清掃やリフォームなどの間は空室になりますが、次の入居者がすぐに決まれば空室リスクは最小限となります。

では、空室リスクが低いのはどんな物件でしょうか？

それは当然、**入居者が住みたいと思える物件**です。

ワンルーム投資では一人暮らしの入居者がターゲットになりますが、一人暮らしの人の場合、窓が北向きなど方位はさほど気にしませんし、子どもが遊べる公園が近くにあるかどうかなどもあまり関係ありません。それよりも、先ほどからお伝えしているように、職場や学校などに行くための利便性のほうが重要です。

ワンルーム投資は、長期で持つということを前提に、５～10年運用する前提で購入することになります。購入時には初期費用がかかりますし、決して安い買い物ではありません。

かかった費用が思ったように回収できず、売り急ごうとしたタイミングで相場が下がってしまい、損失を出す人もいます。しかし、ワンルーム投資は相場の動きを頻繁に見て上がったタイミングで売ろう、というような性質のものではありません。基本的には、長く運用して家賃収入をコツコツと得て、利益を着実に積み立てていくのがワンルーム投資です。

ですから、入居者ニーズも長い目で考えていく必要があります。

そう考えると、今現在、ピンポイントのニーズしかない土地は避けることが賢明となります。

たとえば、神奈川県相模原市には、青山学院大学の相模原キャンパスがあり、その周辺は学生の入居者ニーズが高い地域でした。しかし、２０２１年度から、相模原キャンパスには理工学部など一部の学部と運動部の施設を残し、多くの学部は青山キャンパスに移転となりました。これにより、周りのアパートやマンションは多くが空室になってしまったことがあるのです。

他にも、「この地域にはこの会社の大きな工場があるから」など、ひとつの大学や企業、施設に対するニーズに偏った地域を選んでしまうと、そこが移転や閉鎖してしまった場合に大きなリスクを背負うことになってしまいます。

こうしたことから、長い目で見てさまざまな企業へのアクセスがよく、ニーズがあり続けると考えられる場所を選ぶようにしていただきたいと思います。

空室リスクを回避するポイント

空室リスクを抑えるポイントをもういくつか紹介しておきます。

まずは、**ワンルームマンション管理会社に、現状の空室率を聞くこと**です。

私がお付き合いをしている業者は、管理物件の入居率が全て95％以上となっています。つまり、空室率は５％以下ということになります。空室の計算の仕方は業者によっても異なるので、どのような計算式になっているかも訊ねるとよいでしょう。答えられない業者があれば、付き合わないほうが賢明です。

物件選びの際には、まずは**インターネット上で検索してみることもおすすめ**です。ＳＵＭＯなどの不動産サイトで、検討している地域の家賃相場はいくらくらいなのか、どのような物件が多いのかなどを見てみてください。狙っている部屋があれば、同じ建物の他の部屋の家賃も確かめてみて、相場に合っているかを確認しましょう。狙っている物件が相場よりも安かったりする場合には、何かしらのリスクがあるはずです。

サイトなどを見ていて、掲載日が３カ月以上前の物件がある場合には、確認が必要です。何らかの事情で空室になっているのか、あるいは入居者が退去する前から物件を掲載しているのか、確かめましょう。後者であれば問題はありません。

また、**選ぶ物件の総戸数もチェック**しておきましょう。総戸数は多いほうが、管理費や修繕積立金が安くなるのでおすすめです。ひとりで1台のエレベーターの管理費を払うのと、50人で払うのとでは、金額は大きく異なります。100人いれば、もっと安くなります。

間取りに関しても、実際に住む目線で考えてみてください。部屋の形は、変形ではなく四角い部屋のほうが、家具は置きやすいはずです。女性が住むことを考えれば、洗面台に化粧品が置ける場所があるといいでしょう。キッチンは、一人暮らしの人ではあまり使わないことも多いので、多少狭くても大丈夫だと思います。

自分自身の性別や年齢、立場などはいったん置いておいて、その場所で一人暮らしをする人の目線でイメージしてみて、住みやすそうな物件を選ぶことが大切です。

地震リスクに備える

物件選びの際に気にしていただきたいこととしては、耐震基準も挙げられます。

１９９５年に起きた阪神大震災では、倒壊した建物のほとんどが１９８１年以前に建てられたものでした。日本では地震が多く、建物の耐震性には厳しい基準が設けられており、基準の改正もしばしば行われています。１９８１年に行われた耐震基準の改正では、それ以前には震度５までの地震でも倒壊しないこととされていたところ、震度６〜７にも耐えうる構造になっていることが基準とされました。

その結果、最大震度６だった阪神大震災では、この新耐震基準の建物だったかどうかが明暗を分けたのです。

内閣府が公表している「阪神・淡路大震災調査報告」によると、阪神大震災では、**１９８２年以降に建てられた新耐震基準の建物については、倒壊したのはわずか０・３％、大破した建物だと１・２％となっています。**そして、62・９％が無被害となっていました。

一方、１９７２〜１９８１年に建てられた旧耐震の建物では、倒壊が３・２％、大破が３・０％、無被害だったのは48・１％と、半分以上が何らかの被害を受けています。

こうした過去の例からも、みなさんも物件選びのときには必ず、この新耐性基準を満たした１９８１年以降に建てられたものかどうかを確認していただきたいと思います。１９８１年以前の物件では格安物件として売られていることがありますが、それだけリスクは大きいということになります。

また、旧耐震の建物の場合、実は銀行の融資がつかないことも多々あります。融資では物件も審査されるのです。

ただ、現在では新耐性基準になってから40年以上が経過しており、１９８２年に建てられたものはだいぶ古くなっているので、そもそもあまりおすすめはできません。物件の内容も、ワンルームマンションの場合は１９６４年の東京オリンピックの時代に量産された3点ユニットタイプのバス、つまりお風呂とトイレが一緒になっているものが多く、女性には不人気です。

耐震基準については、２０００年にも改正されており、さらに厳しい基準に変更されています。ここでは１９８１年の新耐震基準に加えて、地盤に応じた基礎の設計や接合部への金具取り付け、偏りのない耐力壁の配置など、一層耐震性を高めることが定められていますので、２００１年以降に建てられた建物であればより安心でしょう。

もともと、ワンルームマンションの場合は、ファミリータイプと比べて柱と柱の間が短く作られており、地震による被害は起こりにくくなっています。そうした意味でも、ワンルームは投資に向いているといえます。

複数の物件を購入するメリットは？

ワンルーム投資では、複数の物件を購入するとよい、とよく言われます。その理由は、第2章でお伝えした投資の基本的な考え方、「分散投資」ができるからです。

つまり、ひとつの物件で家賃収入がなくなってしまっても、別の物件がそのマイナスを補ってくれるということです。

そう考えると、**資金があるからと言ってマンションを一棟購入して運用しようというのは、リスクが高い**ことになります。一棟物の場合は、同じ立地に複数の入居者を呼び続けなければなりませんが、その立地が不利な条件になってしまった場合には大きなリスクとなります。常に誰もが住みたいと思えるような好立地ならよいのですが、近くの工場や大学などが移転してしまうとニーズが下がるような立地では、苦戦する可能性が大です。

リスクを分散するのであれば、物件だけでなく、立地もまた別のエリアを選ぶのがよいでしょう。地震など大規模災害のリスクや、景気や物価上昇などが地域によって異なる動きを見せることも踏まえて、東京と大阪、東京と福岡というように、まったく違う地域に分散するのもよいと思います。

また、一度に複数の物件を購入するのではなく、**購入時期をずらすのもよいでしょう。**これも第2章でお伝えした「ドルコスト平均法」の考え方に基づきます。

ドルコスト平均法では、価格が変動する金融商品を、一定の額ずつ定期的に継続して積立投資することで、価格変動リスクを低減させます。ワンルーム投資もこれと同じように、一定の期間をあけて複数購入することで、相場の変動によるリスクを低減させることができます。

ただし、たとえば40代の方だと融資を受けられなくなる年齢へのカウントダウンも始まりますし、購入が遅くなるほど年金としての効果が出てくるのに時間がかかります。若ければ３年ごと、５年ごとなど時期をずらして１軒ずつ購入していくのもよいでしょうが、年齢によっては２～３軒まとめて購入することも視野に入れておいたほうがよいかもしれません。その場合は、先述したとおり、エリアを分散させるなどの工夫をしてください。

価格下落リスクは恐くない！

ワンルーム投資を始めるにあたっては、価格が下落するリスクが心配な人も多いかと思います。

しかし、ご安心ください。**価格が落ちる理由は、「ニーズがない」ことに尽きます。**

需要がなければ、当然価格は下がりざるを得ません。ですから、このポイントをしっかり押さえておけば、価格下落リスクの不安はないのです。


本書でお伝えしている、今後人口が増えることが予測されている都心のワンルームであれば、ニーズがなくなるリスクは低いので、そこを押さえることが大切です。

日本経済はバブル崩壊以降、「失われた30年」と言われてデフレが長らく続いてきました。しかしその中でも、物価は着実に上がっています。給与水準に関しても、2023年には大手企業を中心に多くの企業が賃上げを発表しています。その中で、家賃相場が今後下がっていくということは考えにくい状況となっています。

本章で前述したとおり、世界の大都市の中でも東京の家賃は安く、コロナ禍が落ち着いてきた現在は、東京に不動産を購入する外国人は増加しています。日本人が買えなくても、ニーズを見越している外国人投資家が買うという構図になっているわけです。

ワンルーム投資は、入り口で結果が決まります。その入り口さえ間違えなければ、着実に利益を得られる投資となりますので、本章に挙げた物件選びのポイントをしっかり押さえて、よいスタートを切っていただければと思います。

第3章 まとめ

□需要が増加する都心・一人暮らし世帯をターゲットにした中古ワンルームマンションを選ぶ

□ターミナル駅までのアクセスを重視し、再開発計画などもチェックしよう

□耐震基準にも注意して、被害を受けにくい低リスクな物件を選ぶ

第4章

利益はがっちり確保！失敗しない融資と売却

POINT

買うべき物件の選び方がわかったら、次はお金の流れについても知っておきましょう。ワンルーム投資は、銀行からお金を借りて行う投資です。まずは融資を受ける際の流れをしっかり確認しておきましょう。また、物件の購入費以外にもさまざまな経費がかかります。収入と支出についてあらかじめ知っておけば、計画的に投資を進めることができます。

低金利の融資メリットを最大限に活かそう

さまざまな投資の中でも、ワンルーム投資が面白いのは、**「他人のお金で物件を購入できる」こと**です。2000万円のワンルームマンションを買うときに、自分の貯金が少なくても投資できるのです。

ただし、他人のお金とは言っても大きな買い物にはなりますので、入り口は堅実に進めていきましょう。投資を始めるには、**不動産業者と提携する金融機関から融資を受ける**のが一般的です。

お金を借りる際には、不動産投資ローンを組むことになります。不動産投資ローンは、家賃収入を得る目的で不動産を購入するためのローンで、事業に対してお金を貸してくれるものです。

不動産投資ローンでは、住宅ローンと同じように個人の返済能力や信用度などが審査されますが、加えて購入する物件の収益性も審査されます。立地や築年数、家賃設定などがチェックされますが、これについては本書で紹介しているワンルームマンションであれば、ほぼクリアできるはずです。そもそも、銀行が収益を出せると判断した物件しか、ワンルーム業者は扱っていません。

ただし、新築物件については審査が甘いときがあるので、注意が必要です。新築はこれまでに収益化の実績がないことに加え、最初は高めの家賃設定で、２〜３年後に入居者が入れ替わる際、家賃が下がる可能性もあります。中古の場合は価格が安定して見込めますので、安心してできます。

また、審査は不動産会社に対しても行われます。不動産会社が過去に変な物件を扱っていないかといった実績を審査するわけです。これは、不動産会社と金融機関のお付き合いが長ければ信用を築いているため、借入しやすくなります。

さて、こうした審査を経て融資を受けることになるのですが、不動産投資や事業を立ち上げた経験のない人の場合、身近な融資と言えば、カードローンでしょうか。カード会社からお金を借りようとする場合、金利は３〜15％程度となります。これに対して、ワンルーム投資で融資を受ける場合には、だいたい２％前後の金利になります。

一部例外があり、アパートローンと言われる一棟物の物件や、１９８１年以前に建てられた旧耐震基準の建物の場合には3～4%のものもありますが、本書でおすすめするようなワンルームマンションでは、だいたい2%程度です。カードローンと比べると、だいぶ安いことがわかるかと思います。またアパートローンなどは頭金10万円では厳しいです。

さまざまな金融機関の中でも、消費者金融やカードローンは比較的金利が高くなっていますが、その分、審査も甘くなっています。一方で銀行は、審査は厳しいけれど金利は安くなっています。

そして、銀行が「投資」に対して融資するのは、不動産のみとなっています。たとえばオリックス銀行のローンは、カードローンと不動産ローンの2種類があります。カードローンの場合は、金利は1・7～14・8%ですが、不動産投資ローンの場合、変動金利で2・3～3・3%となっています（金利の種類については次に説明します。２０２３年8月現在）。

ワンルーム投資ではそれだけ利益がとれるとわかっているから、金利を安くできるのです。

また、日本は他国と比べても非常に金利が安い国です。海外では同じ額、同じ期間お金を借りても、金利は日本よりもだいたい3〜4％高くなります。つまり、日本はワンルーム投資をしやすい国だということです。

他国よりも、他のローンよりも安い。このメリットを活かして、ワンルーム投資に取り組んでみていただきたいと思います。

金利はできるだけ安く抑えよう

融資を受ける際には、どのようにローンを組むか、その条件もよく確認してください。ポイントは、金利の利率です。

仮に、2000万円の物件を10万円値引きする代わりに、金利が0・1％上がるという条件で融資を受けるとします。そうすると、毎月の返済額は850円ほどアップすることになります。これが35年分と考えると、35万7000円です。最初に値引きしてもらった額よりも多額になってしまっています。ですが、投資初心者にとっては「10万円値引き」のほうがわかりやすいため、不動産業者はこのような提案をしてくることもあるわけです。

金利は、たった0・1％の違いでも結果的には大きな差が出てくるということを、まずは覚えておいてください。

また、よく「変動金利と固定金利はどちらがいいのでしょうか」という質問を受けることがあります。この両者の違いとメリット、デメリットについて、簡単にまとめておきます。

●**固定金利**……経済情勢などにかかわらず、完済まで契約当初の金利が変わらない

・メリット：金利が変動せず、経済情勢が変わっても支払額が高くならない

・デメリット：一般的に、変動金利よりも金利が高い

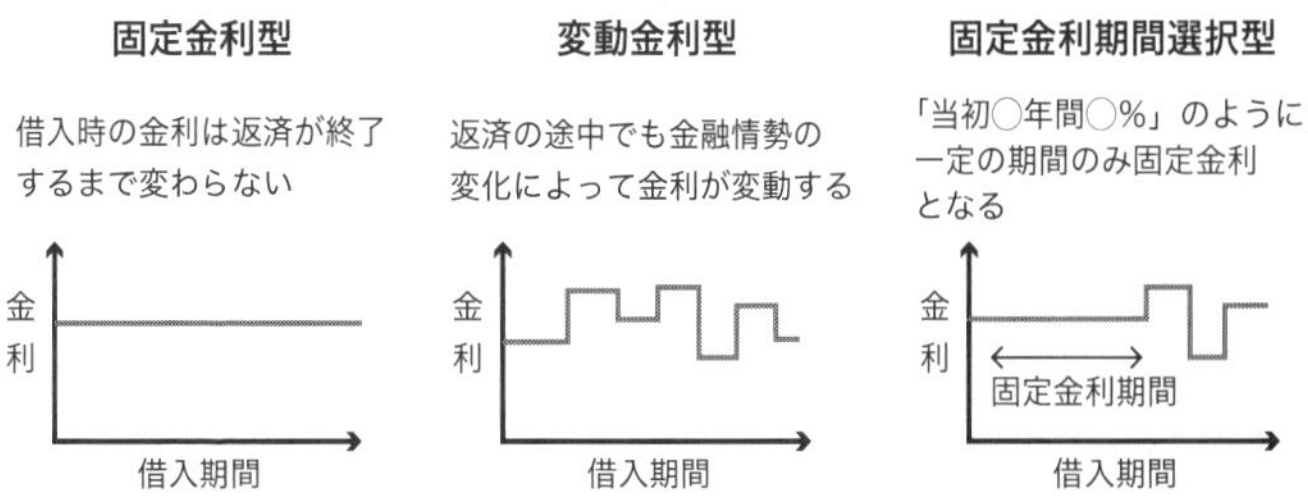
固定金利型
借入時の金利は返済が終了するまで変わらない
金利
借入期間
変動金利型
返済の途中でも金融情勢の変化によって金利が変動する
金利
借入期間
固定金利期間選択型
「当初○年間○%」のように一定の期間のみ固定金利となる
金利
固定金利期間
借入期間

●**変動金利**……市場の動向に応じて金利が定期的に変動
・メリット：固定金利に比べて金利が低い
・デメリット：金利変動により当初から返済総額が上昇するリスクがある

この2種類に加えて、契約から一定期間は固定金利、その後は変動金利に切り替わる固定期間選択型のローンもあります。

ではどれを選べばいいのかですが、私がおすすめしているのは、**固定期間選択型ローンで、固定期間が2～3年の短いもの**です。最初は支払い計画を立ててきっちり返済をしていき、安定してきたところで変動金利に変えるというものです。

なぜなら基本的に、固定金利の期間が短いほうが金利は低くなりますので、金利が低いほうがよいと私は考えています。

「5年後、10年後には金利が高くなっているのではないか」

と考えて、全期間あるいはなるべく長い期間、固定でローンを組もうと考える人もいますが、ワンルーム投資の場合は10年で売却して利益を出すこともできますから、将来的な金利上昇についてはそれほど心配しなくてもよいと思います。

また、銀行は、借りたお金を返してもらうことで利益を出すビジネスです。そこで無理に返済額を上げて、借主が返済できなくなってしまったら、商売は成り立ちません。そこで、住宅ローンについては一定のルールが設けられています。そのひとつが、1・25倍ルールです。

1・25倍ルールというのは、金利が変動する場合でも、前の返済金額からは1・25倍までしか上がらないというものです。これによって、今まで10万円の返済だった場合、金利が上がっても最大で12万5000円までとなり、それより高くはなりません。

さらに、過去を振り返ってみると、10年の間に金利が上昇したときでも、0・6%以上上昇したことは今までにありません。ですから、金利上昇についてはそれほど不安視しなくてもよいはずです。仮に０・６％上がったとしても、そのときには家賃相場もだいぶ上がっているはずですから、大きなリスクにはならないでしょう。

ブラックリストはない！　不安ならあらかじめ自分で確認を

先ほど、融資には審査があるとお伝えしました。つまり、融資を受けられない人もいるということです。

みなさんが心配になるのは、審査の中でも、自分自身に対する審査が通るかどうかという点だと思います。信用情報に傷があると「ブラックリスト」に載っているのではないか、と心配する人もいますが、正確にはブラックリストというものは存在しませんので、ご安心ください。

まず、個人についての審査はどのような流れになっているか説明しておきましょう。

ローンの申し込みをすると、「信用情報機関にあなたの信用情報を問い合わせていいか」という同意書が渡されます。これに同意すると、個人審査が始まります。信用情報機関というのは、クレジット会社や消費者ローンなど、お金を貸している機関から情報を集めている民間企業のことです。

代表的な会社に、株式会社CICがあります。個人情報は、本人と、同意書によって同意をもらえた金融機関にしか見られません。また、金融機関が確認した場合は、その履歴も残ります。

この信用情報機関に個人情報を問い合わせると、ローンの延滞履歴がないかといった情報を得ることができます。情報には携帯電話を買うときの割賦払いも含まれます。もしも、携帯料金を滞納したことがある場合には、「滞納履歴がありました」という履歴が情報機関に残っているわけです。この履歴は、過去7年分残ります。

信用情報を見られた際に、支払いの遅延などがなければ、まずここはクリアとなります。ただ、引っかかってしまっても、融資可能となるケースもあります。

たとえば、過去に寮生活をしていた人に、こんなことがありました。ある日、自分宛にクレジットカード会社から返済に関する郵便物が届いていたのに、それが間違って別の寮生の部屋に届いてしまいました。郵便物が確認できなかったため、返済が遅れてしまったのです。５年後、その人がワンルーム投資を始めようとした際、その情報が出てきてしまったのです。

しかし銀行に、当時返済が遅れてしまった理由と、今は家族を持ち、家計に関しては妻がしっかり管理をしていることを説明しました。すると、状況を理解してもらったことで、融資が可能になったのです。

このように、当時の状況と、今はもう安心であることがわかれば、信用情報に何か履歴があったとしても、融資をしてもらえる可能性はあるということです。

もし以前に遅延などがあった場合には、株式会社ＣＩＣなどから自分で信用情報をとってみて、あらかじめ銀行などに相談しておくのもよいでしょう。

ちなみに、信用情報機関は株式会社ＣＩＣの他にも、株式会社日本信用情報機構（ＪＩＣＣ）や、一般社団法人全国銀行協会（全銀連）などもあり、すべての金融機関がこれらすべてに情報を提供しているわけではありません。

また、審査の際にどの信用情報機関に確認をするかも、銀行によって異なります。そのため、A銀行では審査が通らなくても、B銀行では借りられたということもあります。ただし、同時に何社もの銀行に融資を申し込むと、複数の銀行が確認をした履歴も見られてしまうので、「他の銀行は貸さない判断をしているのでは？」と思われてしまい、審査に影響する可能性もありますので、注意が必要です。

購入時の初期費用はいくらかかる？

ワンルーム投資を始める際には、物件を買うお金の他にも、いくつか初期費用が発生します。融資を受ける際、初期費用をローンに組み込んでくれる場合もあります。もし組み込める場合は組み込んでもらい、できるだけ自分のお金は使わずに資産を作っていくのがよいと思います。

では、具体的にどのような費用がかかるのか挙げてみましょう。

①登記諸費用
②金融機関の事務手数料
③火災保険料
④管理費
⑤固定資産税・都市計画税
⑥不動産取得税

①については、不動産の取得に伴う不動産の移転登記にかかるお金です。建物の大きさやローンの金額によっても金額は異なりますが、ワンルーム投資の場合は、登録免許税、司法書士への報酬を合わせて30万円を見ておくとよいでしょう。

②の金融機関の事務手数料も、銀行によって違いが出てきます。融資金額の１〜３％の設定をしているところもあれば、固定の金額を設定している銀行もあります。ロー

ンの金利を安くする分、手数料を高くしているケースもあります。

③の火災保険は、多くのケースで加入が義務づけられています。ワンルームマンションでは最長10年間で3万円程度を見ておけばよいでしょう。

④の管理費は、マンション管理組合に払う費用です。これは毎月払うものですが、購入時にも日割り計算された金額を払うことが前提です。

⑤の固定資産税・都市計画税ですが、固定資産税は全国どこでもかかり、都市計画税は地域によってかからない場合があります。ともに、1月1日現在の不動産所有者にかかるものです。初回は日割り計算をして、所有期間に相当する分を払うことが一般的です。都心のワンルームマンションであれば、合わせて年間5～8万円程度を見ておけばよいでしょう。

⑥の不動産取得税は、最初に一度だけ払う税金です。支払期限は自治体によって異なりますが、不動産を取得後、3カ月から1年後に納付が必要です。ワンルームマンションの場合は、15万円程度となります。

これらの費用を合わせると、購入時は合計で60～80万円程度となります。

２軒目以降のワンルームマンションを持つ場合には、ワンルーム投資用の口座に、確定申告をして得た所得税の還付金などを入れておき、初期費用のために準備しておくといいでしょう。手元のお金が増えていっても、使ってしまえば投資になりませんから、きちんと備えておきましょう。

また、銀行によってはこの諸費用まで貸してもらえる場合があります。そちらを活用するのもひとつの方法です。

維持費はどれくらいかかる？

ワンルーム投資では、途中で物件の設備維持費も必要になってきます。

たとえば、キッチン設備や備え付けのエアコンなどが壊れたときには、オーナーが取り替えることになります。ときどきこうした費用を負担する可能性があるので、あらかじめ備えておくようにしてください。

取り替え費用が発生するものとしては、キッチンのレンジ台、レンジフード、給湯機、エアコン、トイレのウォシュレットなどです。こうしたものは経年劣化により壊れるものですので、ある日突然取り替え費用が発生することがあります。

交換するタイミングは給湯機もエアコンも10～15年に一度くらいです。それぞれワンルームマンションなら工事費込みで10万円程度となります。

また、ワンルームマンションには小さい冷蔵庫がついている物件もありますが、あまりおすすめできません。人気があまりなく、かつ故障すると入れ替える費用もかかってしまうので、できるだけ避けてください。エアコンについても、オフィスやデザイナーズマンションにときどきある、天井に埋め込まれているエアコンの場合、費用が高くメンテナンスも素人にはできないので、できるだけ避ける方がいいでしょう。

基本的に、オーナーが修繕・取り替え費用を負担するものは、物件に備え付けられている設備が経年劣化によって壊れたものです。防水パンなども壊れることがありますが、これらの場合は入居者が何かをぶつけて割ってしまったというケースが多く、入居者負担になるケースがほとんどです。

物件の維持費としてはもうひとつ、入居者が入れ替わる際の原状回復費も発生します。入居者が退去したときには、原状回復のために壁や天井のクロス張り替え、ルームクリーニングなどの費用がかかります。ワンルームマンションの場合は高くて10万円程度です。入居者負担になることがほとんどですが、契約条件は確認しましょう。

いずれも毎年かかるものはありませんが、突然の費用の発生に備えるためには、ワンルーム投資用の口座に常に数十万円ほど入れておくと安心です。

ワンルームの管理には2種類ある

ワンルームマンションの管理には、建物の管理費と、入居者の管理費の両方がかかります。

建物の管理費というのは、ひとつひとつの部屋ではなく、建物全体のエントランスや通路、エレベーターなどの管理費です。

第3章でも書きましたが、建物全体の管理費については、一般的に戸数が多いほど安くなります。ワンフロアに1戸ずつのマンションでも、10戸ずつのマンションでも、エレベーターの数はだいたい1台です。

しかし、この維持費をオーナー5人で負担するのか、50人で負担するのかでは、1人あたりの負担額が変わってきます。ですから、できるだけ戸数の多いマンションを選んでほしいということです。


もうひとつの入居者の管理費については、入居者から家賃をもらったり、設備に不具合があったときに連絡したりといったやりとりを管理業者にやってもらう際にかかる費用です。管理委託費という形で毎月払うことになります。

管理委託にかかる費用は業者によって異なりますが、ワンルームマンションならだいたい月に3千円前後となります。業者によっては安くなる場合もあるので、ご確認ください。委託費はかかりますが、入居者からの連絡で急に何か対応しなければならなくなり、みなさんの本業やプライベートの時間が削られることを避けるためには、必要な費用です。これをしっかり委託でき、自分の時間を確保できるのが、ワンルーム投資のメリットでもあります。

また、入居者対応を自分でやってしまい、人間関係ができてしまうと、お互いの顔色をうかがうなどストレスが発生することもあります。こうした煩わしさがないのも、委託できるメリットです。

管理委託費には、入居者募集にかかる費用や、空室になったときの立ち会いなどの費用も含まれています。

管理業者に入居者から入った家賃からは、これらの費用が引かれて、オーナーに振り込まれることになります。

2月のお楽しみ、確定申告

ここまで、お金の流れの中でも支出について説明をしてきましたが、ここからは収入についても詳しくお伝えしていきましょう。

ワンルーム投資では、まず入居者から家賃が入ります。みなさんはそこからローンを返していきながら、コツコツと資産を築いていくことになります。

この家賃収入の他に、ワンルーム投資のメリットには、確定申告によって節税できるという点があります。

サラリーマンの場合、毎月の給料の中から所得税や住民税、雇用保険料や健康保険・厚生年金保険料が徴収され、残った額が振り込まれていますので、給与については自身で確定申告をする必要はありません。

会社は、法律で決められた方法で従業員の所得税を計算して、その税額分を給与から差し引いて国に納付しています。これを「源泉徴収」と言います。

しかし、ワンルーム投資によって収入が得られた場合は、自分が事業主になりますから、自分で確定申告をしなくてはなりません。面倒くさいなと思うかもしれませんが、**今は国税庁のサイトで必要事項を入力すれば、自動計算してくれるので安心**です。ワンルーム投資では、確定申告をすることでいくつかのメリットが得られるので、申告の流れを紹介しましょう。

確定申告では、総収入から必要経費を引いた額を申告することになります。まず、会社からもらう給与所得についてはすでに計算してくれているので、申告の際には給与分の所得と、会社からもらえる源泉徴収票にある「給与所得控除後の金額」を記入します。これに加えて、不動産所得を自分で計算して書き込んでいくことになります。

こうして計算した自分の税額から、すでに会社を通して支払われている源泉徴収税額を差し引いて、申告するというのが確定申告の流れです。

ワンルーム投資の場合、経費として計上できるものはさまざまあります。投資の初期費用のところで説明した、火災保険料や不動産取得税、登記費用や、ランニングコ

減価償却のイメージ

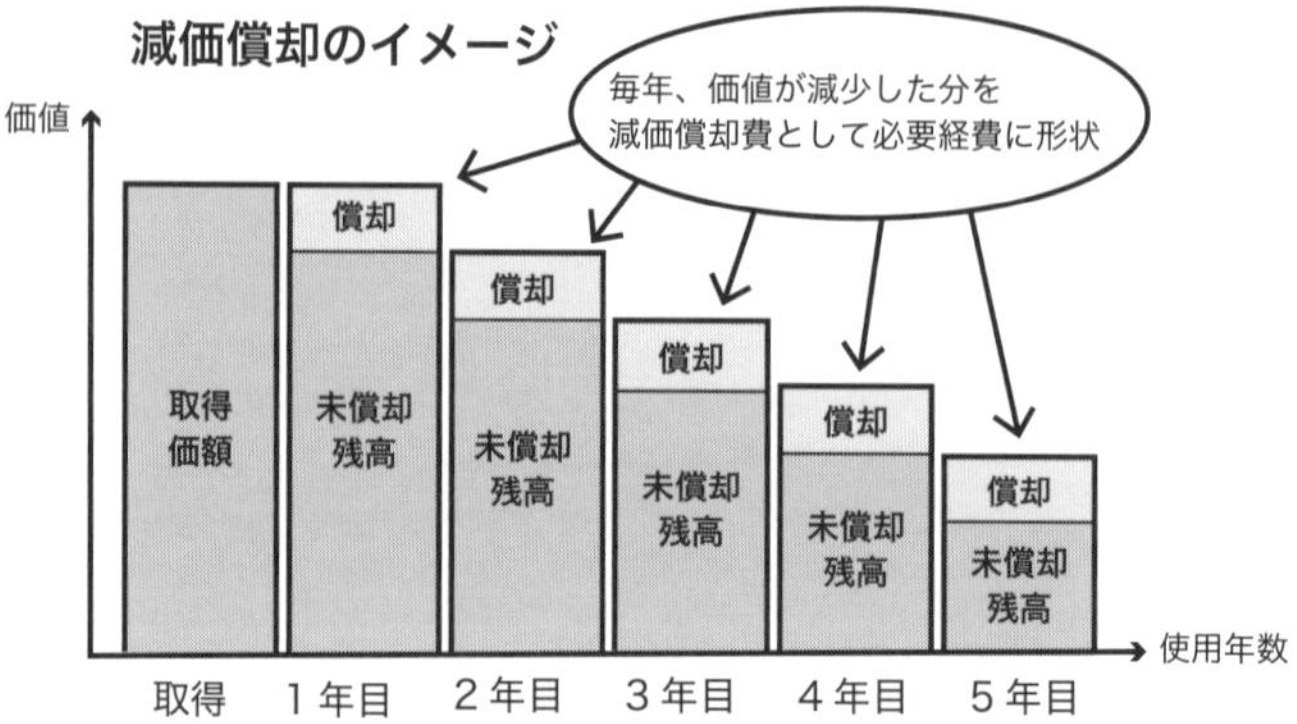

ストとなる管理費用や修繕費などは、もちろん経費として計上できます。

さらに、ワンルーム投資のために必要だった交通費や通信費、打ち合わせのためのお茶代、資料書籍代なども計上できます。

また、マンションなどの建物や設備は毎年価値が減っていくものとして、減った価値の分を減価償却費として経費計上することができます。

ＲＣ（鉄筋コンクリート造）の場合、建物本体だと新築から47年で償却率０・０２２、給湯機やキッチン設備などは15年で償却率０・０６７と決まっています。

たとえば、建物の取得に１０００万円かかっていたとしたら、1000万円に0・022をかけて22万円を、新築から47年経つまで毎年減価償却費として計上することができます。

こうして経費を計算して確定申告をすると、「経費を引いたら本来の所得税は60万円くらいだったのに、給与から100万円くらい源泉徴収してしまっていたから、多く取っていた分を返しましょう」ということが起こります。これが、還付金です。**年収が1500万円くらいの人だと、1年目は還付金が100万円くらいになることがありました。**

加えて住民税は、その人の所得に応じて納税額が決まるものなので、確定申告で経費計上することで所得が少なくなれば、納税額が安くなります。

さらに、**高校無償化や児童手当など所得制限のある制度についても、サラリーマンの給与所得では所得制限で受けられなかったとしても、確定申告で所得を少なく申告することで受けられる可能性が出てきます。**

たとえば高等学校等就学支援金という制度がありますが、これは保護者の年収を合算して一定基準以下だった場合、支援をしてもらえる制度です。実はこの制度は年収ではなく、課税標準額をもとに計算されます。

課税標準額とは、市民税の所得割額の算定のもととなる金額です。これは給料や営業所得だけでなく、不動産所得も合算されます。それぞれの収入から経費等を引いた額が所得となるため、不動産所得が赤字になれば、その分を差し引いた額が課税標準額となります。

つまり、ワンルームを購入することによって、確定申告で課税標準額が下がれば、サラリーマンの場合は所得税や住民税が還付されるだけでなく、お子さんの学費まで安くなる可能性があるということです。これは大きいのではないでしょうか。

確定申告は毎年2月16日から3月15日までに行うことが原則となっています。細かい内容については税理士に確認しながら、確定申告を行って、しっかり節税をしてください。

定期的に家賃相場を確認しよう

ワンルーム投資では、投資を始めたら、あとは自分の仕事やプライベートに専念して、ほとんど時間も労力もかけずに資産を形成していくことができます。毎月入ってくる家賃収入でローンを返済し、その後は年金代わりにするために維持してもいいですし、まとまったお金が必要なときに売却してもよいでしょう。私は**原則10年最低5年は所有していただきたい**と思います。

不動産投資の出口となるのは、売却です。子どもの大学進学のときや、何か新しいことを始めたいときなど、まとまったお金が必要なときには物件を売却して、資金をつくることが可能です。

物件の売却価格は、家賃に連動しています。今はインターネットで同じマンションの違う部屋の家賃がいくらかを調べることができますので、オーナーはこの相場をときどき確認して、自分の部屋の家賃が相場に合っているか定期的に見直すとよいと思います。

家賃相場を調べるには、みなさんが家を借りるときに使う賃貸情報サイトなどで、自分の持っているマンション名を入れたり、同じ地域・同じ条件の物件を検索してみたりすると、ヒットするかと思います。

特に、空室になったときには相場を確かめて、他の部屋の家賃が上がっていた場合には、自分の部屋の家賃も上げるとよいでしょう。そうすると、売却するときの価格も上がることになります。ただし、家賃を上げすぎてしまうと、次の入居者が入らないので要注意です。

入居者が退去する際には、一般的には退去予定の一カ月前に告知をする契約になっていますが、場合によっては、2カ月前告知になっていることもあります。どういう契約にするかは管理会社と話し合って決めていただければと思いますが、2カ月前告知であれば、早めに次の入居者を募集することができます。

その場合には、最初に強気の家賃設定にして、退去が近づいてきても次の入居者が決まっていなければ家賃を下げる、ということもできます。管理会社とよく相談してください。

家賃相場を確かめたとき、上がっていれば上げたほうがよいのですが、では下がっていた場合はどうすればよいでしょうか。

その場合は、退去される前に早めに売却することをおすすめします。退去し、家賃が下がれば下がるほど、売却時の価格は下がってしまいますので、注意が必要になります。

ですが、第3章でお伝えした物件の選び方を踏まえていれば、家賃相場が下がることはほとんどないはずです。需要が増え続け、今後家賃が上がりそうな地域を選ぶことさえできていれば、売却時にも高い価格で売ることができます。

ちなみに、第3章では新駅ができるエリアにも注目しましたが、新駅ができてから1～2年は、家賃相場はあまり変わりません。相場が上がるまでにはタイムラグがありますから、「いい場所を選んだと思ったのに上がらない！」とすぐ売ってしまうのではなく、しばらく持ち続けてみてください。目安は5～10年です。

売却するときにも費用はかかる?

物件を売却するときにも、若干の費用が発生します。

まずは、物件の仲介手数料ですが、これは「物件の売却価格の3%+6万円+消費税」が上限となります。個人に売却するときには、仲介手数料はこの計算式で決まります。一方、不動産業者が買い取りをするときには、仲介手数料はかかりません。

仲介手数料の他には、登記費用もかかります。お金を借りているローンの登記を抹消しなくてはいけないのと、物件の所有権の移転登記が必要になるのですが、これは合わせて3万円くらいとなります。

また、売却の契約書に貼る印紙代(印紙税)が、売却価格にもよりますが、だいたい1~2万円かかります。

物件を売却してローンを一括返済する際には、銀行によっては手数料がかかります。これについてはローンを組むときに、銀行に確認しておくとよいでしょう。

さらに、売却時に利益が出た場合に、払わなくてはならない税金もあります。所得税と住民税が、それぞれ譲渡所得に対してかかることになります。

譲渡所得の計算式は、「売却時による収入金額－取得費用－譲渡費用」です。税率は、物件の所有期間によって変わります。

・所有期間が5年以内の場合
　短期譲渡所得：所得税30・63％、住民税9％
・所有期間が5年を超えている場合
　長期譲渡所得：所得税15・315％、住民税5％

所得税に関しては、2037年までは復興特別所得税も課されます。右の数字はその税率も加えたものとなっています。利益が出ていなければ、これらの税金はとられることはありません。

ただし、税金については、売却時にはまた税法が変わっている可能性もありますので、そのときの税法をまた確認し、税理士に相談してください。

不動産は、買ったときに3000万円だったものが売るときにも3000万円のままということは、めったにありません。建物の経年により、売却価格は下がるのが一般的です。

仮に10年間所有していて2900万円で売ったとすると、含み益はだいたい400万円になります。そのうち100万円程度が売却時に費用としてかかり、残る300万円が純粋な利益となります。

「300万円にしかならないの？」

こう思う人もいるかもしれませんが、よく考えてみてください。

そもそも不動産投資は10万円でスタートすることができ、他人から借りたお金で物件を買い、その返済は入居者が家賃として返すという仕組みです。10万円が300万円、つまり30倍になって返ってくるわけですから、決して利益の少ない投資ではありません。

もし、２軒、３軒と増やしていれば、売却する際も、ベストタイミングとなる１軒を選ぶことができます。投資の鉄則である長期・積立・分散に基づき、複数持っていたほうが売却時においても有利だといえます。

第4章 まとめ

□さまざまな融資の中でも不動産投資ローンは低金利
□ワンルーム投資の初期費用は30万円程度
□確定申告をして得られるメリットも大きい

第5章

ワンルーム投資「成功と失敗」から学ぼう！

POINT

ワンルーム投資の方法がわかったところで、実際にどのような人がどのように投資をして成功したか、過去の事例をみてみましょう。また、残念ながら失敗してしまった人の例もご紹介しつつ、うまくいかなかったポイントを振り返りたいと思います。

（※個人情報に配慮し、固有名詞は仮名とさせていただきます）

事例1：学生への需要が高い立地で複数同時に投資
佐々木さん／40代女性・年収650万円

地方都市在住の佐々木さんは、上場企業の研究職。いずれ独立したいと考えていますが、会社員のうちでないとローンを組んでワンルーム投資ができないと知り、30代からワンルーム投資をスタートしました。物件は3軒、それぞれ10万円の頭金で、3軒で約5500万円のローンを組みました。

佐々木さんは独身なので、将来的には自分が住む可能性も考慮してワンルーム投資をしたいとのことでした。独立してもしばらくは地方都市にいる予定ですが、将来的には都内に住む可能性を考えていたのです。

そこで、3軒購入したうちの1軒は、東京都豊島区の西武池袋線・椎名町駅近くにある、バス・トイレ別で自分が住んでもいいなと思える物件を選びました。あとの2軒は、山手線の内側で、有名大学から近い3点ユニットバスのワンルームにしました。

椎名町駅はターミナル駅・池袋駅の隣の駅で、徒歩でも池袋に行ける地域です。山手線の内側にあるあとの2軒も、当然交通の便がよく人気のエリアです。３点ユニットバスの物件は家賃が安いため、大学徒歩圏内なら学生のニーズは充分にあります。いずれも立地としてはとてもいい選択となりました。

不動産投資ではローンを組むときに、団体信用生命保険（団信）に入ることになりますが、佐々木さんは3軒のローンのうち、1軒分には**がん特約**をつけました。**団信のがん特約では、がんと診断された場合にローンの残債がゼロになります。その代わり、金利は0・1％上がります。**２０００万円の物件であれば、０・１％金利が上がると、毎月の返済額は約１０００円上がることになります。

返済額は上がりますが、もしがんになってしまった場合は、通常、1軒のローン残債がゼロになれば、その物件の家賃収入はそのまま佐々木さんに入ることになります。ですからそれを他の物件のローン返済に充てることも可能です。

がんは日本人の2人に1人がかかる病気ですから、佐々木さんは念のために1軒のみがん特約をつけ、それまでに入っていたがん保険を見直したうえで解約しました。

ちなみに、がん特約に加入できるのは、40代までがほとんどです。

投資を始めて5年経った今、佐々木さんが投資から得られる月々の収入は合計約6300円となっています。確定申告によって毎年還付金も得られるようになりました。独身の人は所得税の控除が少ないため、ワンルーム投資によって節税ができたのです。投資を始める以前に加入していた保険の支払いもなくなったので、月々の出費が減り、貯金も増えました。

こうして佐々木さんは独立して事業を始めるための資金を貯めながら、同時に老後の保障も作っていくことができ、安心した生活を送っています。

「他人のお金を使って自分の資産をつくるという考え方が新鮮でした。おかげで、以前まではあまり考えていなかったお金の使い道を、きちんと考えられるようになりました」

と佐々木さん。40代の方にとっては、将来年金がもらえるのかという心配もありますが、まだまだ新しいキャリアに挑戦できる年代でもあります。新しいことにチャレンジする前に、会社員という立場を活かしてワンルーム投資でしっかりリスクに備えて生活の基盤をつくっておくとよいですね。

成功のポイント

- 学生がターゲットなら3点ユニットバス物件もニーズは高め
- ターミナル駅から徒歩圏内という立地で、空室リスクは小
- 1軒のみがん特約をつけて、以前のがん保険は解約

事例2：最寄り駅の利便性アップで家賃アップも可能に
山本さん／30代男性・年収800万円

山本さんは公務員として、自衛官や警察官、消防士のように、ケガや死亡のリスクがある仕事に就いています。定年となる65歳まで、現場で働くのは難しいという不安もありました。そこで結婚を機に、将来に向けて資産形成をしておきたいと考え、投

資を始めることにしました。

ただ、山本さんは独身時代に一度、郵便物の行き違いが原因でカードローンの返済を滞納したことがあり、投資を始めようとした時期に、CIC（指定信用情報機関）にもその記録が残ってしまっていることがわかりました。つまり融資をしてもらえるか不安があったのです。

しかし、結婚後は妻が家計の管理をしっかりしてくれるようになっていること、また公務員という信頼もあったため、不動産の営業マンが銀行に個別相談してくれて、無事にローンを組むことができました。

投資をスタートしたのは30代前半、2軒の物件を購入しました。1軒は東京都中野区、丸ノ内線の中野新橋駅近くで約2400万円、もう1軒は大阪市内で約1700万円のワンルームマンションです。

実は、丸ノ内線は池袋～新宿～荻窪間が本線で、6両編成で運行していますが、支線となる中野坂上～方南町間は、以前までは3両編成のみの運行で、基本的にはこの区間のみの折り返し運転となっていました（中野富士見町駅付近の車両基地へ出入り

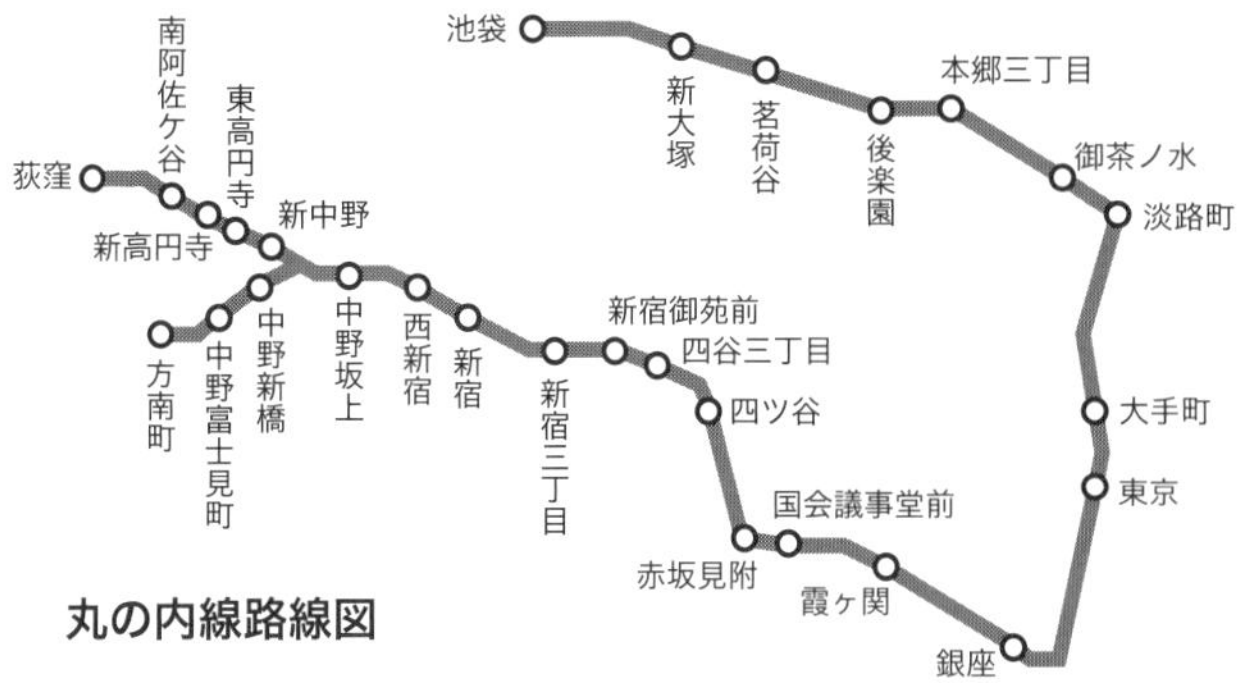

丸の内線路線図

する車両の場合は６両編成も乗り入れができましたが、朝夕のみでした）。つまり、新宿方面から中野新橋へ行こうとすると、中野坂上で一度乗り換えをしなければならなかったのです。

しかし２０１９年からは、中野坂上〜方南町間も６両編成の車両が走れるようになり、新宿や大手町方面への直通運転が開始しました。これによって、中野新橋〜方南町間から乗る人が新宿や大手町などに行く際、中野坂上で一度乗り換えの必要がなくなり、利便性が高まりました。

山本さんが物件を購入したときには、まだダイヤ改正は行われておらず、計画段階でした。その後ダイヤ改正によって利便性が高まったため、今後は家賃を上げることも可能な物件となったのです。このように、交通面の発達が見込めるような立地を選ぶことは、ワンルーム投資で成功するためのひとつのポイントとなります。

投資を始めて4年経った今、毎月の収支は2軒合わせてプラス1万5000円ほどとなっています。山本さんはこれを固定資産税の支払いと、設備が壊れたときの修理費用、空室が出たときの費用として、ワンルーム投資用の口座に貯蓄しています。

「今のところ出た利益はワンルーム投資用に貯めているので、普段の生活はまったく変わりませんが、**将来的には子どもができたら、習い事や進学などでお金が必要になったときに物件を売却して、含み益をしっかりとりたい**と思っています」

利益をとれる物件を持っているために、将来家族が増えても安心して暮らせると山本さんは言います。しっかり働けるうちは仕事に専念しながら、将来お金が必要になったときのために資産形成ができる。これがワンルーム投資の大きなメリットです。

成功のポイント
- 公務員なら融資も受けやすい
- 交通の便が将来的に良くなる立地を選んだことで、安く買った後に家賃アップも可能に

事例３：毎月の収支はマイナスでも節税と保険で家計は改善
長岡さん／40代・年収７５０万円

公務員の長岡さんは、結婚を機に自分たちの住む家を購入しており、その際の住宅ローンがまだ３２００万円ほど残っていました。年収は少なくないとはいえ、子どもも２人いて、教育費、進学費用などを考えると決して余裕があるとはいえないと感じ

ていた長岡さん。しかし副業ができないため、投資で少しでも家計を改善できないかと考えていました。そこでワンルーム投資を始めることに。

長岡さんの場合は住宅ローンの残債があったために、ワンルーム投資で高額の融資を受けることはできず、まず1軒、2000万円のワンルームマンションを購入することにしました。

場所は東京都足立区、東武線・西新井駅の近くを選びました。西新井駅を通る東武伊勢崎線は、東京メトロ半蔵門線と日比谷線に直通運転をしており、都内に通勤する人には利便性の高い沿線となっています。

長岡さん自身も東武伊勢崎線沿線に住んでいることから、西新井駅の利便性がよいことはわかっており、ニーズはあるために、空室のリスクはかなり低いと考えました。

しかし西新井駅付近の家賃相場は低く、現在のところ、この物件の収支は毎月マイナス5600円ほどとなっています。ただ、融資の残債がなくなれば毎月の家賃収入はしっかりとれますし、売却しても含み益が十分に見込めます。

1軒目で投資のやり方に慣れたところで、長岡さんは2年後にもう1軒、横浜駅の近くに約２３００万円の物件を購入しています。こちらは総戸数の多い大きなマンションで、戸数が多いために管理費と修繕積立金を安く抑えることができました。こちらの収支は現在、毎月マイナス１０００円ほどとなっています。

どちらの物件も今は収支がマイナスにはなっていますが、長岡さんの生活は苦しくなったわけではありません。むしろ、**保険と節税の効果が大きく、物件の直接的な収支以外の面で大きなプラスを得られている**のです。

長岡さんはローンを組む際に団信に入ったことで、以前までに入っていた保険は見直しをして、月々の保険料はかなり安く抑えられるようになりました。１年目の確定申告では、住民税が約40万円、所得税も約40万円の、合計約80万円分減額されることになり、大きな節税効果を感じたと言います。投資のスタート以降、10年間で節税できる額は２７７万円となる見込みです。

つまり、月々数千円のマイナスは出ていても、それ以上の節税効果によって家計は大きく改善することができているというわけです。長岡さんは、

「将来的な資産形成になっていることと、死亡保険の価値もあるということで、子どもが2人いても安心して生活できるようになりました」

と話します。ワンルーム投資では、物件にかかる直接的な収支に目が行きがちですが、その他にも大きなメリットがあるということです。

成功のポイント

- **物件にかかる収支では多少マイナスでも、それを上回る節税効果アリ**
- **死亡保険も兼ねて、万が一のときに家族を守れる**

事例4：年齢が高くても実績を作れば融資のハードルは下がる

今野さん／50代男性・年収1200万円

今野さんは年収1000万円を超えていますが、中学生から20代前半までの子どもが4人いて、教育費などの出費も多く、決して裕福な生活ができているわけではありません。授業料の保護者負担を軽減するための高等学校等就学支援金制度も、所得制限があり対象になっておらず、メリットを受けられない状態でした。

そこで、子どもたちのためにも今のうちに資産形成をしっかりしておきたいと思い、ワンルーム投資にチャレンジすることにしました。ワンルーム投資なら、子どもたちにも引き継げると考えたのです。

今野さんは50代になっていたことと、自宅を購入したときのローンがまだ残っていたため、ワンルーム投資でのローンは30年程度しか組めず、毎月の返済額は少し高くなってしまいました。そこで、1軒目は価格の安い福岡市を選びました。頭金としては物件価格の5％を用意してほしいと言われたので、できるだけ安いほうが頭金も安く済みます。そこで70万円の頭金を用意して、約1300万円の物件を購入しました。

ローンの年数が短いので毎月の収支は赤字ですが、半年間きっちりと返済を続けたことで、今野さんは2軒目の物件にも融資が組めることになりました。2軒目は東京都板橋区の、東武東上線の駅から徒歩3分の物件です。1軒目の実績があることから、今度は頭金も10万円で済むことになりました。

ターミナル駅の池袋まで、東武東上線で7分。駅からも近い物件で、こちらの毎月の収支はプラスになっています。今野さんはこの板橋区の物件を購入して半年が経った今、次の物件を探しています。

「このペースで、4軒まではワンルーム投資をしたいと思っています。というのも、将来的には子どもたち一人ずつに物件を残したいんです。4人が大人になって、結婚資金などが必要になったら売却するなど、自由に使ってもらえればと思っています。私に万が一のことがあっても、死亡保険の代わりにもなりますし」

ワンルーム投資によって、**所得は低く抑えることができ、現在は節税効果も実感していると言います。**さらに3軒目を購入することで、年間300万円ほど節税の節税が見込めるため、一番下の中学生の子どもは、**高等学校等就学支援金制度を受けられる可能性も出てきました。**受けられれば、年間約12万円の負担がなくなります。

今野さんの場合も、毎月のローン返済と家賃収入のバランスだけでなく、それ以外の面で大きなメリットを得られているわけです。

成功のポイント

- 1軒目の実績があれば2軒目以降は購入のハードルが下がる
- ワンルーム投資によって、所得制限のある支援金制度が受けやすくなる
- 物件はそのまま子どもたちに資産として引き継げる

事例5：いない入居者をいると見せかけた「かぼちゃの馬車事件」

ここからは、不動産投資における落とし穴や、不動産投資に対して否定的に言われることがあるのはなぜかという事例について、お伝えしていきます。

不動産投資に興味のある方は、「サブリース」という言葉を聞いたことがあるかもしれません。サブリースとは、管理会社が物件を借り上げ、入居者募集や家賃回収などの管理業務を代行してくれる手法です。

不動産オーナーはサブリース会社から、毎月一定の額を保証賃料として得ることができます。得られる保証賃料は実際の家賃よりは安くなりますが、その代わりに空室が出たときにも同じ額が得られるため、空室リスクを低下させられるというのがメリットとされています。

管理もラクだし、毎月一定の額がもらえるのであれば、サブリース会社と契約をしたほうがいいのではないか、と思う人も多いでしょうが、実は落とし穴もあります。

サブリース会社に頼むリスクがよくわかる事例として、2018年「かぼちゃの馬車事件」と呼ばれる問題が発生しました。

原因となったのは、サブリース会社が不動産オーナーたちから借りた物件に、入居者が半分以下しか稼働していなかったのに、90％近く稼働していると偽り、オーナーたちには家賃の8割となる保証賃料を払っていたことでした。実際には賃料が入って

サブリースの仕組み

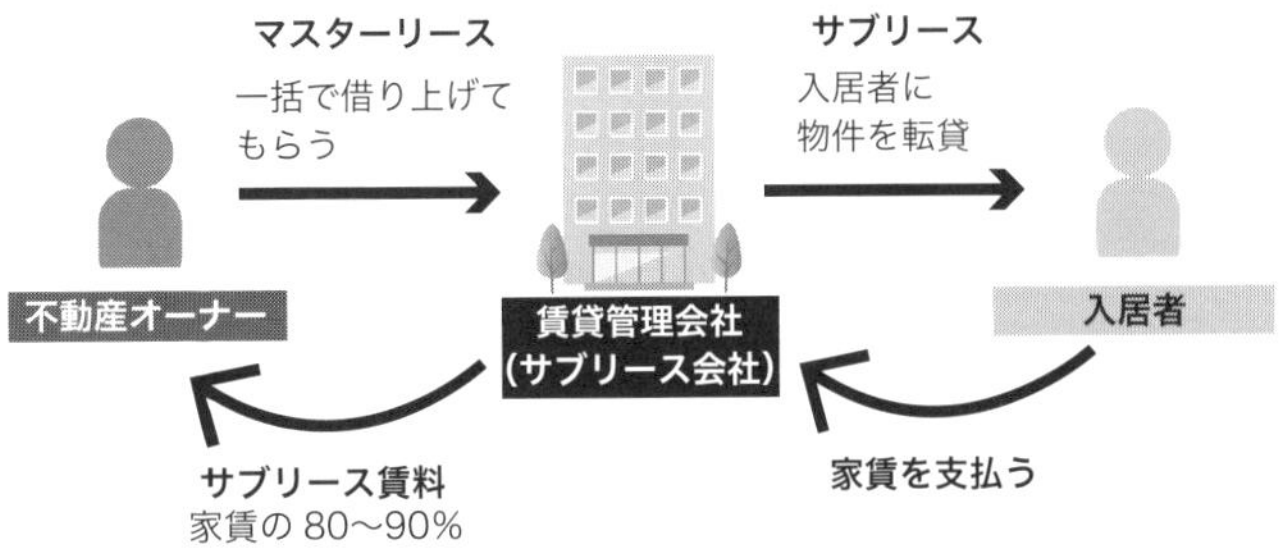

いない物件なのに、オーナーたちには保証賃料を払い続けたことで、このサブリース会社は倒産してしまったのです。

不動産オーナーたちに残されたのは、入居者がいない物件と、不動産購入時に組んだローンの残債です。サブリース会社が倒産してから、賃料は1円も入らなくなってしまったため、多くのオーナーたちが返済に困ってしまったのでした。

このときにわかったのが、このサブリース会社は、**不動産投資に興味を持った人たちに年収に不釣り合いな高い物件を購入させていたということでした。**収入証明を偽造をし、提携する銀行から融資が下りるようにしていたことも発覚しました。銀行の担当者もそれをわかっていて、高い金利でローンを組んでいました。銀行の担当者としてはお金を貸し付ければ自分の成績に反映されますので、少しでもたくさんのお金を貸したかったのです。

物件の建設時にも、施工会社からキックバックをもらって建設費を水増しし、オーナーに高く売りつけていたことも判明しました。本来なら6000万円ほどの資産価値の物件を1億円ほどで購入させていたり、一棟オーナーになるために本来は必要な頭金を「不要」と説明したり、関係企業が寄ってたかってオーナーを騙していたということがわかったのです。

オーナーたちが高額で購入した物件は、実際には入居率は40%ほど。女性限定のシェアハウスと謳う物件は、5畳ほどの室で狭く、お風呂はなく共同のシャワールームがあるだけ、**立地も郊外で交通の便も悪い、といったように、とても入居者に選んでもらえる物件ではありませんでした。**

しかし、サブリース会社はこれを儲かっているかのように収支を書き換え、賃料を相場以上の額に設定していたのです。まさに、魔法が解ければただのかぼちゃに変わってしまう、かぼちゃの馬車というわけです。

サブリース会社が倒産して以降は、オーナーたちは高い金利のローンを返さなくてはなりません。でも、月収40万円の人が毎月40万円返す、というような無理な返済計画になっていたため、実際に返すのは不可能となってしまいました。結果として、銀行と裁判になり、オーナー側が勝訴しました。

サブリース自体は違法ではありませんし、これは一部の事例にしかすぎません。この事件以降、サブリースに関する新法ができ、誇大広告や不正勧誘は厳しく取り締まられるようにもなっています。しかし、このような悪質なサブリース会社でなくても、私はサブリースはおすすめしていません。

というのも、たとえば保証賃料については、「何年間、家賃収入を保証します」と書かれていることが多いですが、よく見ると「定期的に相場に合わせて見直します」という一文が入っていて、**将来的には保証賃料の額を下げられてしまうことも多々あります。**

また、一棟ですと自己資金として物件の購入費用の２～３割を求められたり、融資限度額が年収の10倍以下に設定されていたりと、会社員にとっては現実的に利用するハードルもかなり高くなっています。

ただ、何よりもみなさんに気をつけていただきたいのは、サブリースそのものではなく、「甘い話はない」という点です。

「家賃保証します」

といった話があれば、悪徳商法やウソだとは限りませんが、何か裏があると思って、どういう理屈でそうなっているのか、きちんと確認をとっていただきたいです。確認してみると、実際の入居率はかなり低かったり、再建築が禁止されている土地で古い物件を持て余しているだけだったりと、何かデメリットが出てくる可能性は大です。

ここに注意！

- **多額の融資が可能など、甘い話には裏がある可能性が……**
- **年収に見合わない返済額のローンは組まない**
- **契約書には落とし穴がないか、不明点は細かく確認しよう**

事例6：サブリース物件は売却時に不利

サブリースを使っての投資には、他にもリスクがあります。

サブリースは、空室が出たときにも家賃保証があるというのが売りとなっていますが、空室が出る頻度は4～5年に1度が普通です。10年間のうちには2～3回となります。その空室期間が1カ月で済むのであれば、10年間で合計2～3カ月です。仮に家賃が8万円なら、計24万円となります。

しかし、サブリースでは毎月の家賃の一部はサブリース会社の利益として引かれます。仮に2割引かれるとすると、毎月1万2000円が10年間引かれ続け、トータルで192万円となります。

10年間、投資物件として運用すると考えると、どちらのほうが得になるでしょうか？

仮に、

「空室リスクが10分の1、つまり10年のうちに12カ月の空室が出る可能性があるので、これに備えてサブリースにしたほうが安心です」

と言われたとしても、そんなに空室になってしまう物件が安心だといえるでしょうか？

サブリース会社も、利益を得ないといけません。つまり、サブリース会社が得をするように仕組みができているということです。ではその得した分を誰が負担するのかというと、不動産オーナーということになります。

15年ほど前、私の友人・小川さんがこのサブリースを使ってワンルーム投資を始めました。東京都港区にある、誰もが住みたいと思うような場所に建てられた新築マンションです。小川さんは、このマンションを15年ほど持っていましたが、売却したいということで最近私のところへ相談に来ました。そこで当時の契約書を見てみると……。

契約の条項の中に、「契約は2年ごとに更新し、サブリースの保証賃料を見直す」という項目がありました。さらに「この2年ごとの更新のタイミング以外に解約した

い場合には、違約金として6カ月分の家賃を払う」ことになっていたのです。オーナーが解約するタイミングは2年に1度しか訪れないわけですが、一方でサブリース会社が物件を買い取る場合には、タイミングは自由となっていました。

ずいぶん都合のいい契約になっているなと感じ、私は東京都庁の住宅政策本部に、この契約は大丈夫なのかと問い合わせてみました。

すると返ってきた答えは、借地借家法は「借りている人を保護する」ように作られているため、サブリース会社が物件を借りる形になっているサブリースでは、借主であるサブリース会社側が守られるのは仕方がない、ということでした。

借主が貸主から契約を解約される場合には6カ月前に告知をしなければならないといったルールなどは、この借地借家法に基づいて作られたルールだということです。

小川さんの場合はこうした条件があったために売るタイミングも自由に選ぶことができず、さらに、売り先も自由には選べず、実質その業者に売る選択肢しかありませんでした。マンションを売却してお金にしたいと思ったタイミングは、前回の更新から半年経った頃だったため、結局、１年半も売却を待つか、違約金を払うしかないのです。

サブリースの落とし穴は他にも、その物件を入居者にいくらで貸しているかをオーナーに告知する義務がないという点もあります。「家賃の90％を払います」と言っても、書面上では「毎月いくら」と金額で契約書が結ばれていれば、賃料が上がったり下がったりしていても、サブリース会社はオーナーに知らせずにいることができてしまいます。

もし入居者からもらう賃料が5000円上がっていたら、その8割でもオーナーに還元すべきだと思いますが、賃料が上がったことを知らせずにその5000円がまるまるサブリース会社の利益になってしまうこともあります。大手で知名度の高いサブリース会社でも、そうした例は実際にあります。

決してサブリース会社が全て悪徳というわけではなく、逆に中古マンションのサブリースは好条件の物件もありますので、サブリースを検討したいときには詳しい方に相談してみるとよいと思います。

ここに注意！

- 空室リスクを長期で考えるとサブリースは損
- 契約者が重要！　契約によっては自由なタイミングで売れない場合も
- 売却先が選べず、高く売れるはずのチャンスを逃すかも

事例７：「なんちゃって住宅ローン」がバレて一括返済

不動産投資をしている人の中に、ときどき「なんちゃって住宅ローン」で物件購入している人を見かけることがあります。これは金融機関への詐欺行為になるので、絶対にやめていただきたいです。

なんちゃって住宅ローンとは、物件に自分が住むように見せかけて、自宅用住宅ロー

ンを組み、実際には他人に貸して投資として使っていることを言います。まずみなさんには、自分が住む物件に適用される自宅用住宅ローンと、家賃収入を得るために不動産を購入するための不動産投資ローンは別物であることを、しっかり把握しておいていただきたいと思います。

たとえば、みなさんが自宅を購入した場合には、家電や家具を買いますよね。さらに、日々の生活のためにその地域で買い物をします。つまり、地域の中で経済を回す世帯が確実にひとつ増えることになります。この経済的効果を後押しするために、どんどん自宅を購入してほしいと、国は住宅ローンに対して支援をしています。ですから金利が安く、ローンも組みやすいのです。民間金融機関と住宅金融支援機構が提携して提供する住宅ローン「フラット35」などがその一例です。

一方、不動産投資ローンについては、現状では国はそこまで支援をしていません。金利も、住宅ローンは0・4％台からありますが、不動産投資ローンでは2％台のものが多くなっています。

そして審査に関しても、住宅ローンよりも不動産投資ローンのほうが厳しくなっています。中小企業の経営者などの場合、住宅ローンは融資可能でも不動産投資ローンは不可ということもよくあります。

つまり、**住宅ローンよりも不動産投資ローンのほうが、さまざまな面でハードルが高い**ということです。このため、住宅ローンで融資を受けて、不動産投資に使うという「なんちゃって住宅ローン」が横行してしまっているわけです。

もし、この「なんちゃって住宅ローン」でお金を借りて投資をしたことが発覚してしまうと、その後はかなり大変な事態に陥ります。

融資を一切受けられなくなってしまったり、途中で一括返済を求められたり、公務員の場合だと職場でも問題になってしまうケースもあります。

私が知っている人の中にも、都心に３ＬＤＫの物件を住宅ローンで購入して、賃貸物件として活用して家賃収入を得ていたことが発覚し、勤務先に報告されて経歴に傷がついてしまった人がいます。勤務先からは物件を売却しろと言われ、数年持っていれば黒字化できたところを、赤字の状態のまま売却しなくてはならなくなり、大きな損をしてしまいました。何よりも、職場に居づらくなったと話していました。

このように嘘をついて金融機関から融資を受けるのは詐欺にあたりますので、みなさんは絶対にやらないでください。

ただし、住宅ローンで買った物件に自宅として住んでいたところ、家族ができたり、ライフプランが変わって住み替えが必要になったりした場合には、その物件を投資に活用しても大丈夫です。住宅ローンの返済が終わっていなくても、そのまま賃貸物件としても問題はありません。要は、最初から金融機関を騙すような悪質な行為はやめましょうということです。

ここに注意！

- 住宅ローンと不動産投資ローンは別物
- 不正行為が見つかると、一括返済などのリスクも
- 職場バレして信用を失う可能性もアリ

事例8：新築ワンルームへの投資で赤字垂れ流しに……

私がすすめている不動産投資では、都内・中古・ワンルームの3つを大切にしていますが、新築ワンルームマンションをおすすめしづらいのには、こんな例があるからです。

50代女性の間中さんは、ある日職場にかかってきた不動産会社からの営業電話で、投資の話をもちかけられました。「絶対に利益が出る素敵なマンションなので、将来のために投資をしませんか……」と巧みな営業トークにその気になった間中さんは、投資用物件として都内の新築ワンルームマンションを2軒購入しました。

結果、数年で300万円の赤字となってしまい、私のところに相談に来たのです。具体的に話を聞いてみると、新築ということでそもそもの購入価格が高く、入居者を募集するための広告費や人件費などもかなり上乗せされて月々の収支は大きくマイナス。

私は間中さんに、ひとまず月々の収支がプラスになる中古ワンルームマンションを買い足して、赤字を薄めながら様子を見て、タイミングをはかって新築マンションのほうを売ることを提案しました。

東京の不動産については価格が上がっていますので、こうしたケースでは一度売却をして損切りし、中古ワンルームに切り替えるほうが有利になることが多々あります。ただし立地や間取りなど条件にもよりますので、売却したほうがいいのか、だとするとどのタイミングがいいのかなどは、専門家にしっかり相談したほうがよいでしょう。

いずれにしても、職場に営業電話が来るのは新築のワンルームマンション投資であることが多いです。不動産会社からすれば、新築のほうが業者の利幅を大きくとれるため、新築を売りたいと思うのは当然です。営業マンが自分の成績のために無理をして営業をかけてくるケースもあります。みなさんもお気をつけください。

ここに注意！

- 不動産会社の営業トークに乗せられず、しっかり調べてから投資を
- 新築マンションは広告宣伝費なども上乗せされ高くつく
- 赤字が大きいなら買い替えも検討

事例９：修繕費がかかりすぎの築古激安ワンルーム投資

私のところに相談に来た森さんは、築古のワンルームマンションを投資用に購入することを検討していました。聞くと、物件は１９７０年代に建てられたもので、立地はいいけれど激安で購入できるとのことでした。

このように、築年数の古い物件が安く売られることはよくあるのですが、不動産投

資としてはまったくおすすめできません。

１９７０年代くらいまでは、まだマンション建設の技術等がそれほど成熟しておらず、上下水道やガス管などのパイプが走るスペースはコンクリートの中に埋め込まれていました。しかし、こうしたパイプはいずれ劣化して壊れます。壊れてしまうと、コンクリートの柱などを崩すわけにはいかないので、新たなパイプスペースを別に作ることになります。こうして居住スペースが削られてしまったり、パイプスペース修繕にかなり費用がかかってしまったりする物件も、少なくありません。


バブル期になると、建設技術も大きく進歩して、１００年使うことを前提に建てられたマンションがほとんどになりました。しかしそれ以前の、特に**１９８１年以前は建物自体の耐久性が弱く、修繕にかなりお金がかかるものになってしまいます。**

部屋の換気扇など部分的なものならいいのですが、窓や玄関扉が開かないなどの不具合が出てくると、建物全体の修繕が必要になってきて、一人の問題ではなくなります。建物全体の修繕が必要と思われる不具合が出ても、改修するためには所有者の５

分の４の承諾を得なければならないといった条件があることも多く、スムーズにいくとは限りません。

さらに、１９８１年前半までに建てられた物件であれば現在の耐震基準を満たしていなかったり、内装を今の時代に合わせて大きく変えなければならなかったりと、**築年数の古い物件にはさまざまなデメリットがあります。**

融資の面でも、旧耐震の物件の場合は、審査に通らないケースもよくあります。仮に自分は融資を受けられて購入できたとしても、自分が売りたいときに次の購入者がローンＮＧとなる可能性が大となります。

投資費用をできるだけ安くするために古い物件を選んで、おしゃれにリノベーションして……と考える人も多いでしょうが、修繕費や売却時のリスクを考えると、古すぎる物件は避けていただくほうが賢明です。

ここに注意！

・古すぎるマンションは修繕費が高くつく

・旧耐震基準のマンションは融資の際も売却の際も不利になる可能性大

ワンルーム投資、成功と失敗を分けるのは？

ここまで、不動産投資における成功事例、失敗事例をご紹介してきましたが、不動産投資はシンプルな原則さえ押さえておけばうまくいくことが、ご理解いただけたのではないでしょうか。

投資の基本となる「長期・積立・分散」を押さえておけば、リスクを減らしながら安定的に資産を築くことができること。また、東京・大阪・福岡などニーズが高い地域の中でも、交通の便などをよく見て良い立地を選ぶこと。新築ではなく中古のワンルームマンションを選ぶこと。こうしたポイントさえ押さえておけば、着実に成功をつかめるはずです。

ですが、ワンルーム投資の成功と失敗を最も大きく分けるのは、「行動する」ということです。ワンルーム投資に限らず、新しいことを始めるのにはつい慎重になってしまうものです。失敗したらどうしよう、思わぬ落とし穴があるのでは……。そんなふうに思って、情報収集はするけれど一歩が踏み出せないという人は多いと思います。

しかし、行動しなければ、成功は絶対に得られません。

みなさんには、失敗するリスクを減らしていただくために、本書では私の知識を余すところなくお伝えしてきました。まず知ることができ、納得できたなら、次は行動です。

本書をお読みくださった時点で、みなさんはすでに一歩踏み出している状態です。

ぜひ次の一歩を踏み出して、ワンルーム投資にチャレンジしてみてください。

おわりに

私は不動産屋の息子に生まれ、20歳で宅建を取得し、不動産業界に就職しました。しかし13年前に鬱状態になり、自分が本当はどのように生きたいのか、改めて考え直すことになりました。

その後、さまざまなことを学び、現在はワンルーム投資アドバイザーとして多くの方の不動産投資をサポートしてきました。本書でも、私がこれまで学んだことを凝縮してお伝えできたかと思います。

会社が必ずしも社員の一生を保証してくれるものではなくなり、社会の変化がめまぐるしい今、ゆとりある生活を求める人、老後が不安な人は多くいらっしゃいます。将来のために、若いうちから資産運用をすることの必要性も、さまざまなところで言われています。

ですが、「不動産」「投資」と聞くと、どうしても「なんだか怪しいな」と感じて、その先を知ることをやめてしまう方もまだまだ多いのが現状だと感じています。

そんな方にこそ読んでいただけるような本をつくりたいと思い、今回の機会をいただくことになった全国出版オーディションにエントリーしました。本書では、なるべく事実と私の意見とを分けてお伝えするように心がけました。

「投資に興味はあるけれど、押し売りはされたくない。大儲けできるようなうたい文句に騙されたくない」という方に、ぜひ届いてほしいと思っています。


私は不動産とは別に、いわゆる成功哲学を学ぶことが好きで、さまざまな研修や講演会に出向いたり、本を読んだりしてきました。現在は「予祝講師」や「7つの習慣セルフコーチング認定コーチ」、「ペップトークスピーカー」など、さまざまな資格も持っています。

こうした学びの中で共通のことは、成功する人は、**自分がどうなりたいのか口に出して伝え、具体的に計画を立てて行動している**ということです。投資マインドにおいて重要なことも、これと同じだと思います。ただ、実際に計画を遂行していくには、その行動を裏付けるために、事実を把握しなければなりません。何も知らずに始めるのではなく、事実をしっかり学んでから一歩一歩進めることが大切です。

本書がみなさんの一歩を後押しし、人生を変える1冊になれれば幸いです。

なお、投資は自己責任となりますので、最終的にはご自身の判断で行ってください。

最後に、今回出版のチャンスを作ってくれた全国出版オーディションの主催者・岡崎かつひろさん、ＫＫロングセラーズ副社長の真船壮介さん、編集長の富田志乃さん、制作協力してくださった大西桃子さん、本書をご購入いただき最後までお読みくださったみなさま、全国出版オーディションの本選で投票してくださったみなさま、また予選で6875票を投票してくださったみなさま、ありがとうございました。

2023年11月

桑原　眞人

本書の内容（ワンルーム投資）について「もっと詳しく知りたい！」というあなたへ

「どの不動産管理会社を選んだらいいかわからない」

「どんな物件を選んだらいいかわからない」

「物件を持っているんだけど、売り時がわからない」

など、本書の内容についての質問やご相談がありましたら、下記までお気軽にご連絡ください。

桑原眞人 LINE 公式アカウント

LINE

お役立ち情報を
UP しています！

手持ち10万円から始める
ほったらかし投資のススメ

著　者　　桑原眞人
発行者　　真船壮介
発行所　　KK ロングセラーズ
　　　　　東京都新宿区高田馬場 4-4-18　〒 169-0075
　　　　　電話（03）5937-6803（代）
　　　　　http://www.kklong.co.jp

編集協力　大西桃子
装丁　鈴木大輔・江﨑輝海（ソウルデザイン）
本文デザイン　古川創一
印刷・製本　大日本印刷㈱
落丁・乱丁はお取り替えいたします。※定価と発行日はカバーに表示してあります。
ISBN978-4-8454-5183-8　C0033　Printed In Japan 2023